Petra Altmann

Aufbruch in die Stille

Petra Altmann

Aufbruch in die Stille

33 Kloster-Inspirationen

HERDER

FREIBURG · BASEL · WIEN

Inhalt

Zur Einführung

Der „Aufbruch in die Stille“ – in unserer mitunter sehr hektischen Zeit ist er für viele von uns ganz wesentlich geworden. In der Stille können wir Atem holen, zu uns selbst finden und unsere Ressourcen auftanken.

Dazu benötigen wir aber spezielle Orte. Ruhepole, Oasen, die uns den Rückzug aus dem Alltagsgeschehen ermöglichen. Für manche von Ihnen mag dies ein Raum oder eine spezielle Nische in den eigenen vier Wänden sein, für andere ein Platz in der Natur oder auch eine spezielle Musik, die es ermöglicht, für eine gewisse Zeit Abstand zu den Anforderungen zu finden, denen wir uns täglich stellen müssen.

Orte, an denen ein „Rückzug auf Zeit“ auf ganz besondere Art möglich ist, sind Klöster. Oft kann man die Stille bereits nach dem Durchschreiten der Pforte spüren. Man kann sie förmlich mit den Händen fassen. Dies habe ich immer wieder bei meinen vielen Klosteraufenthalten erlebt.

Es ist, als würde diese Stille Besitz von einem ergreifen und der Hektik Einhalt gebieten. Ganz intuitiv verlangsamt man seinen Schritt und senkt die Stimme. Die Stille ist zu kostbar, um sie mit lauten Aktionen zu zerstören.

Zu den ureigenen klösterlichen Ritualen gehören spirituelle Übungen. Die Meditation als Rückzug in sich selbst ist eine davon. Sie wird seit vielen Jahrhunderten von den Ordensleuten praktiziert. Manchmal im Kreise der Mitbrüder oder -schwestern, ganz regelmäßig aber auch alleine in der Zelle oder im Meditationsraum. Die Meditation gehört fest zum klösterlichen Tagesablauf. Meist wird der Tag mit diesem Ritual begonnen, manchmal auch damit beendet.

Ich hatte das Glück, des Öfteren gemeinsam mit Menschen aus dem Kloster in die innere Stille aufbrechen zu können. Wer selbst auch schon einmal mit Ordensleuten zusammen meditiert hat, weiß, wie hilfreich ihre Anleitungen sein können.

Diese Erfahrungen waren für mich wichtige Inspirationen. Sie haben mir Impulse gegeben, meine eigenen Wege in die Stille zu finden. Diese sind sehr bunt und vielfältig. Und ich entdecke immer wieder neue Wege – wenn ich mir die Zeit nehme und achtsam bin.

Meine schönsten und wichtigsten Wege, die mich in die Stille führen, finden Sie in diesem Buch. Ich hoffe, dass sie auch Ihnen Inspirationen geben für Ihren ganz persönlichen „Aufbruch in die Stille“.

Petra Altmann

Impulse für den Tageslauf

1 Die Sonne mit in den Tag nehmen

Mir war ein starkes Summen, wie wenn erkläng' ein Lied. Schau, Bras, es ist schon Tag, zur Hirtin lasst uns gehen.
Teresa von Avila

Am Morgen von Sonnenstrahlen begrüßt zu werden, ist die beste Startbedingung für einen gelungenen Tag. Die Wärme der Sonne kann uns durchdringen, über manche Hürde des Tages hinweghelfen und uns bis zum Abend begleiten. Voraussetzung ist, dass wir uns öffnen und bereit sind, die Sonne in uns aufzunehmen. Selbst an einem trüben Morgen können wir uns beflügeln lassen, indem wir uns gedanklich an einen imaginären Sonnenort begeben.
Unser Ort der Träume ist ein breiter, menschenleerer Strand, an dem wir ganz entspannt sitzen und aufs Meer hinausblicken. Am Horizont sehen wir die ersten Umrisse

des Sonnenballs. Wir atmen mit geschlossenen Augen langsam ganz tief in den Bauch hinein und doppelt so lange wieder aus. Die morgendliche Wärme nehmen wir mit jedem Atemzug in uns auf.
In dieser Stellung verharren wir ein wenig und spüren, wie unser ganzer Körper, ja unser Herz von der Sonne berührt werden.
Langsam steigt sie höher, ein ganz leichter Wind kommt auf. Dieser Lufthauch ist ganz angenehm und erfrischt uns ein wenig an diesem heißer werdenden Sonnentag.
Wir lauschen dem Geräusch der Wellen, die auf den Sand aufschlagen. Und atmen weiter ganz tief ein bis in unser Becken.
Unser Gesicht heben wir der Sonne entgegen und lassen uns von ihr wärmen.
Die Wärme durchdringt uns mit dem langsam aufsteigenden Sonnenball mehr und mehr. Sie fließt über unseren Brustkorb in unser Becken, durchströmt unsere Arme und breitet sich in unseren Beinen aus.
Das gleichförmige Geräusch der Wellen ent-

spannt uns. Wir hören die ersten Vögel zwitschern und genießen diesen sonnenbeschienenen Ort, der in diesem Moment nur uns gehört.
Die Vögel werden lebhafter. Sie rüsten sich für den beginnenden Tag und absolvieren ihre ersten Flüge.
Wir stellen uns vor, dass sie über uns sind und mit uns die Wärme genießen.
Inzwischen steht die Sonne hoch am Horizont. Mit einem letzten tiefen Atemzug verabschieden wir uns von unserem Traumort und öffnen langsam die Augen.
Der Tag kann beginnen. Und es wird ein guter Tag sein, wenn wir uns immer wieder der Sonnenstrahlen erinnern, die wir am Morgen in uns aufgenommen haben.

2 Glücksmomente bestimmen den Tag

Wenn die Mönche zum Gottesdienst aufstehen, sollen sie sich gegenseitig behutsam ermuntern, damit die Schläfrigen keine Ausrede haben.
Benedikt von Nursia

Macht Ihnen heute das Aufstehen Schwierigkeiten, oder sind Sie mit dem linken Bein zuerst aus dem Bett gestiegen? Lassen Sie sich den Tag dadurch nicht verderben.

Ermuntern kann man sich auch selbst, indem man sich am Morgen nach dem Aufstehen einige Minuten der Besinnung gönnt.
Setzen Sie sich hin, schließen Sie die Augen und erinnern Sie sich an zwei oder drei Momente, in denen Sie sich besonders glücklich gefühlt haben.
In welcher Situation war dies? Wo haben Sie sich in diesen Momenten befunden? Welche

Menschen waren damals mit Ihnen zusammen?
Stellen Sie sich vor, einer dieser Momente sei wieder da. Rufen Sie sich das Glückserlebnis ins Gedächtnis. Denken Sie an die freudigen Gesichter der anderen Menschen, die sie mit Wohlwollen betrachten – Sie haben sich geborgen gefühlt.
Erinnern Sie sich der Wärme, die Ihr Herz durchströmte – ganz intensiv, bis Sie sie wieder fühlen.
Spüren Sie die Sorglosigkeit, die Sie in diesem Moment empfunden haben – sie ist für diesen Augenblick wieder da.
Hören Sie das Lachen, das Ihnen guttat – es muntert Sie auch jetzt auf.
Spüren Sie in Ihrer Erinnerung so lange diesen Momenten nach, bis sich ein tiefes Lächeln auf Ihrem Gesicht breitmacht.
Wer mit einem solchen Lächeln in den Morgen startet, wird am Abend zufrieden auf einen gelungenen Tag zurückblicken können.

3 Durchatmen in der Mitte des Tages

Wir brauchen nur einen wachsamen Geist.
Abbas Poimen

Wachsam kann der Geist nur bleiben, wenn man nach Stunden der Konzentration durchatmet, abschaltet und in sein Inneres schaut. Mit geschlossenen Augen tauche ich ein in diese dunkle Welt.
Ich atme ein und wieder aus. Ich atme tief ein und lange aus. Je tiefer mein Atem geht, desto ruhiger werde ich.
Ich höre dem Herzen zu, lausche meinem Herzschlag. Immer gleichmäßiger werden seine Schläge, je tiefer ich mich in mich versenke.
Während ich einatme, nehme ich Energie in mich auf. Sie brauche ich, um den Rest des Tages ausgeglichen und konzentriert zu sein.

Wenn ich ausatme, leite ich Ballast ab.
Mit dem Atem, den ich tief in mich hineinströmen lasse, werde ich mehr und mehr von Ruhe erfüllt. Das lange Ausatmen gibt mir Leichtigkeit.
Ich entferne mich gedanklich von den Dingen, die mich in den letzten Stunden beschäftigt haben.
Getragen vom Atemrhythmus schaue ich tiefer in mich hinein. Bald tauchen farbige Bilder in mir auf. Bei den schönsten verweile ich.
Ich freue mich daran und lächle – während ich tiefer und tiefer in mich hineinatme.
Mein Herzschlag ist gleichmäßig und ruhig.
Ich konzentriere mich voll darauf, ich höre meinem Herzen zu und verfolge meine Atemzüge.
Atem und Herzschlag, zwei Komponenten, die mir ganz deutlich vor Augen führen: „Ich bin lebendig!"

4 Abendspaziergang – Abendrituale

Der Abendspaziergang ist für mich der perfekte Abschluss eines ausgefüllten Tags. Besonders, wenn ich die Stunden vorher in Räumen und vor dem Computer zugebracht habe, ist dies für mich wichtig. Er ist zu einem Ritual geworden, um den Tag positiv zu beenden. Vergleichbar der Komplet, dem klösterlichen Nachtgebet, mit dem die Ordensleute sich auf die bevorstehende Nacht einstimmen.
Ich kann mir den Wind um die Nase wehen und den Gedanken freien Lauf lassen.
Im Rhythmus der Schritte lasse ich die letzten Stunden Revue passieren. Wie ist der Tag verlaufen?
Dinge, die ich tagsüber vielleicht als ärgerlich oder belastend empfunden habe, bekommen draußen in der Natur eine ganz andere Dimension. Mit Abstand betrachtet, sind sie gar nicht mehr so bedeutsam.

Die positiven Erlebnisse gewinnen die Oberhand, je weiter ich mich von meinem Ausgangspunkt entferne. Anregende Telefonate, freundliche Gespräche, der gelungene Abschluss einer Arbeitsphase beispielsweise. Viele positive Impulse, die mir im Gedächtnis geblieben sind.
Je länger ich laufe, desto ruhiger werde ich. Manchmal dauert mein Abendspaziergang nur 15 Minuten, hin und wieder auch eine ganze Stunde. Ich entscheide spontan, wie weit ich gehe, und verbinde gelegentlich auch eine Erledigung mit meinem Weg, beispielsweise den Gang zum Briefkasten.
Der Abendspaziergang öffnet mir die Augen für das, was mich an schönen Dingen umgibt. Und er lohnt sich zu jeder Jahreszeit. Im Winter, wenn Schnee liegt und die frische Luft besonders guttut. Im Frühjahr, wenn die Natur langsam erwacht. Im Sommer, wenn die Abende besonders lang sind und das Vogelgezwitscher meinen Weg begleitet. Und im Herbst, wenn sich die Blätter färben und der

Natur einen bunten Anstrich geben.Immer gibt es in meiner nächsten Umgebung, die ich ja eigentlich gut zu kennen glaube, Neues zu entdecken – wenn ich die Augen offenhalte und ein Ohr dafür habe. So ist der Abendspaziergang in jedem Fall eine lohnende Unternehmung.
Und eines ist zu jeder Jahreszeit sicher: Die Stille am Abend ist die beste Vorbereitung für einen tiefen und gesunden Schlaf.
Wer am Abend noch ein weiteres Ritual anschließen möchte, bevor er sich zu Bett begibt, dem sei ein „Tagebuch der positiven Erlebnisse“ empfohlen. Eine hochbetagte Ordensfrau hat mir einmal erzählt, dass sie am Abend immer darüber nachdenkt, was ihr an positiven Dingen im Laufe des Tages begegnet ist und dies notiert. Das sind nicht immer die großen, auffälligen Ereignisse, sondern vermeintliche Kleinigkeiten wie ein angenehmes Gespräch, ein überraschender Anruf oder auch ein Lächeln eines anderen Menschen.

Selbst an Tagen, die schlecht gelaufen sind, gibt es solche Lichtblicke. Wer sie abends mit zwei, drei Sätzen in einem Heft notiert, schafft sich selbst ein herrliches Werk mit positiven Impulsen, in dem man immer wieder blättern kann, wenn es einem besonders schlecht geht.

5 Nach den Sternen greifen

Viele Klöster liegen außerhalb der großen Städte auf dem Land, manchmal sogar recht abgeschieden von sonstigen Ansiedlungen. In klaren Nächten ist an solchen Plätzen der Sternenhimmel weit besser zu sehen als in Dörfern oder Städten, in denen die künstlichen Lichter den Sternen Konkurrenz machen.
Nehmen Sie sich an einem Ort fernab großer Menschenansiedlungen bei wolkenlosem Himmel nach Ausbruch der Dunkelheit einmal die Zeit, die Sterne zu betrachten.
In lauen Sommernächten ist es herrlich, sich auf eine Bank zu legen und den Himmel anzuschauen. An kalten Winterabenden kann einem ein Spaziergang – eingepackt in warme Kleidung – zum Blick auf die Sterne verhelfen. Legen Sie den Kopf zurück und betrachten Sie jeden einzelnen Stern, den Sie von Ihrem Platz aus sehen können.

Manchmal ist der Himmel übersät davon, ein anderes Mal sind nur wenige Sterne von der Erde aus zu sehen. Einzelne dieser Glanzlichter strahlen heller als die anderen. Schauen Sie sich diese genau an – ihre Form, ihre Ausstrahlung, die Kraft, mit der sie auf Sie wirken. Stellen Sie sich vor, einen dieser Sterne vom Himmel zu pflücken, ihn in Ihrer Hand zu halten und an sich zu drücken. Sie könnten sich daraufsetzen und mit zum Firmament nehmen lassen. Es müsste wunderbar sein, die Welt von Ihrem ganz persönlichen Sternenplatz aus zu betrachten.
Sie könnten sich den Stern auch aufs Haupt setzen. Dann wären Sie ein Sternenkind und könnten auch für andere Menschen leuchtendes Vorbild sein. Ein wenig von Ihrem Sternenglanz könnten Sie sicherlich an andere abgeben.
Oder denken Sie einmal an das Märchen mit den Sterntalern. Heben Sie Ihre Handflächen zum Himmel und stellen Sie sich vor, eine Menge Sterne würde auf Sie herabfallen, die

Sie nur auffangen müssten. Wie herrlich ist es, mit diesen Sternen zu spielen. Sie haben so viele, dass Sie sie auch an Menschen verteilen könnten, die selbst gerne einmal nach den Sternen greifen würden. Die sie vielleicht auch eher brauchen könnten als Sie selbst. Nun schauen Sie sich am Himmel die Sternenbilder an. Welche Formationen sehen Sie da? Sind es altbekannte oder entdecken Sie vielleicht auch neue Gebilde, denen Sie Namen geben können. Dieses Spiel fordert Ihre Fantasie heraus. Schauen Sie genau hin. Manchmal wird eine Sternschnuppe vom Himmel fallen. Stellen Sie sich vor, Sie könnten sie auffangen und sich etwas wünschen. Was ist Ihr größter Wunsch? Vielleicht einmal nach den Sternen greifen zu können?

Die Kräfte der Natur

6 Mit allen Sinnen – Die Natur in sich aufnehmen

Die Luft hat vier Kräfte. Sie entsendet den Tau, der alles Grün erweckt; sie bewegt den Windhauch, mit dem sie die Blüten herauslockt; sie verbreitet die Wärme, durch die sie alles zur Reife bringt.
Hildegard von Bingen

Wie herrlich ist es, nach Stunden im Büro oder den eigenen vier Wänden hinauszugehen – in den eigenen Garten, den nächstgelegenen Park oder an einen Fluss. Die Parkbank oder ein Stückchen Gras kann für eine Weile unsere Oase sein.
Wir schließen die Augen und *hören*:
den Wind, der unser Gesicht und unseren Körper berührt,
das Geräusch der Blätter, die durch einen Lufthauch bewegt werden,

das Gezwitscher der Vögel, die sich eifrig
verständigen,
die Geräusche des Waldes und der Wiesen,
den Fluss des Wassers,
das Plätschern eines Bachs.

Wir heben unsere Nase und *riechen*:
die Frische des Grases, das uns umgibt,
die Kräuter, die sich daruntermischen,
den erdigen Boden, auf dem wir liegen,
den Duft der Blumen, die um uns herum
wachsen,
die Gerüche, die der Wind vorbeiträgt.
Mit geschlossenen Augen versuchen wir, die
Düfte zuzuordnen.

Wir bewegen unsere Hände und *fühlen*:
das eigene Gesicht, das wir berühren und
streicheln,
die Erde, auf der wir sitzen oder liegen,
die Grashalme, die uns umgeben,
die Blätter, die wir finden,

alles, was wir von unserem Platz aus greifen können.
Wir fühlen die Sonne, die auf uns scheint und uns bis ins Innerste erwärmt. Wir pflücken Beeren in unserer Nähe und *schmecken*:
mit geschlossenen Augen kauen wir ganz langsam und genießen intensiv ihren Geschmack.

Wir öffnen unsere Augen und *sehen*:
den blauen Himmel über uns,
die Formen der Wolken, die über uns hinwegziehen,
die sattgrüne Wiese, auf der wir uns befinden,
die kräftigen Farben der Blumen ringsum,
den Lauf des Wassers in unserer Nähe.

Die vielfältigen Eindrücke verschmelzen zu einer Wahrnehmung. Mit allen Sinnen speichern wir die Natur in uns und nehmen sie mit in unseren Alltag.

7 Wachstum

Ein Weiser traf den Wüstenvater Antonius und fragte ihn: „Wie schaffst du es nur, ein solches Leben zu führen, wo du noch nicht einmal Trost aus Büchern schöpfen kannst?"
Antonius antwortete ihm: „Mein Buch ist die Natur der geschaffenen Dinge, und dieses Buch liegt immer vor mir, wenn ich mich in Gottes Wort vertiefen möchte."

Das Wachstum der Natur ist ein Sinnbild für unser eigenes Leben. Für unsere ganz persönliche Entwicklung.
Gehen Sie hinaus nach einem langen Winter, wenn die Schneedecke sich endlich lichtet. Ihr Blick wird auf die ersten grünen Blattspitzen fallen, die sich aus der Erde hervorgewagt haben. An manchen Büschen zeigen sich Knospen. Kleine Primeln kann man entdecken. Es sind die Vorboten für das beginnende Wachstum in der Natur. Wenn die Tage länger werden

und die Sonne kräftiger, bekommt die Natur einen Wachstumsschub. Ganz deutlich können Sie nun sehen, wie alles aufbricht. So als hätte jede Pflanze, jeder Strauch, jeder Baum nur darauf gewartet. Die Vögel beginnen zu nisten, bereiten sich auf den Nachwuchs vor. Dieser Aufbruch macht sich auch bei Ihnen bemerkbar. Das Frühjahr ist für viele Menschen Anlass, sich von dem Dunkel des Winters zu befreien. Zu entschlacken, andere Wege auszuprobieren, damit Neues wachsen kann.

Die warmen Sommertage bringen alles draußen zur vollen Entfaltung. Es blüht und grünt überall. So viel Energie zeigt die Natur, dass man mit dem Beschneiden von Rasen und Büschen kaum nachkommt. Die Vögel sind mit dem Nachwuchs in endlosen Flugstunden unterwegs.
Diese Energie wächst auch bei Ihnen. Bis zum letzten Sonnenlicht nutzen Sie die Tage. Sie sind aktiv, zu Fuß oder mit dem Rad in der Natur unterwegs, beim Baden im nahe gelege-

nen See, zum Essen auf Ihrer Terrasse. Sie könnten Bäume ausreißen und möchten den Sommer am liebsten in sich aufsaugen. So manche Dinge, die Sie sich zu Anfang des Jahres vorgenommen haben, nehmen Formen an.

Der Herbst bringt die Reife. So wie Sie jetzt die Früchte ernten und das Korn einbringen können, sind auch Sie selbst gewachsen. An Ihren Aufgaben, durch Ihre zunehmende Energie, Ihre Kreativität, die sich voll entwickelt hat. Mit Stolz können Sie auf das, was in Ihnen und durch Sie gewachsen ist, blicken. Und Ihre ganz persönlichen Früchte ernten.
Die Natur vergeht zum Ende des Jahres. Es gibt jedoch Hoffnung, denn es kommt ein neuer Frühling, in dem sich wieder alles entfalten kann. Das Wachstum bleibt, so wie Ihre Erfahrungen, Ihre Lebensweisheit, aus denen Sie schöpfen können, damit Neues daraus wachsen kann. Aber Wachstum kann sich nur fortsetzen und gedeihen, wenn man offenen Auges durch die Welt geht und bereit ist, sich zu wandeln.

8 Mein Lebens-Baum

Alle Bäume haben ebenso wie die Pflanzen
Wärme oder Kälte in sich.
Hildegard von Bingen

Ich betrachte den Baum – vor meinem Haus, in meinem Garten, im nächsten Park oder in einem Waldstück in der Umgebung.

Den schönsten, höchsten, außergewöhnlichsten – denjenigen, an dem mein Blick hängen bleibt, suche ich mir heraus.

Ich betrachte seinen Standort:
Hat er Platz genug zum (Über)leben,
ist er umringt von anderen Bäumen oder
kann er sich entfalten,
in welchem Boden steht er,
können sich seine Wurzeln ausbreiten?

Ich betrachte seine Rinde:
Welche Struktur hat sie,
wo ist die Wetterseite,
welche Farben kann ich entdecken?

Ich betrachte seine Zweige:
Sind sie ausladend oder gedrungen,
stark verästelt oder eher karg?
Sind sie von Blättern besetzt und von Vögeln belebt?
Ich betrachte seine Blätter:
ihre Struktur, ihre Farben, ihren Zustand.

Ich berühre den Baum,
ganz leicht erst streiche ich über die Rinde,
fasse die Blätter an, greife nach den Ästen,
umarme seinen Stamm.

Ich stelle mir den Wandel des Baumes vor:
die ersten Knospen und das zarte Grün im Frühjahr,
die üppige Belaubung und den Schatten, den er im Sommer spendet,

die Farbenpracht und das allmählich abfallende Laub im Herbst,
die kahlen Äste im Winter.

Was berührt mich dabei besonders und warum?

Der Baum kann nur dort wachsen und gedeihen, wo der richtige Platz für ihn ist.
Genauso geht es uns Menschen.

Es ist so wichtig, wo ich stehe:
Bin ich am falschen Standort und deshalb „verkrüppelt“, bin ich verwurzelt oder habe ich die Bodenhaftung verloren, muss ich „einige Zweige herausschneiden“, damit ich mich besser entfalten kann, kann ich frei wachsen oder werde ich behindert, werde ich durch „meine Rinde“ geschützt oder ist sie eher ein „Zwangskorsett“?

Wie hat sich mein Baum im Laufe des Lebens verändert?

9 Erntedank

Die fruchtbare Erde,
sie hat uns reich beschenkt.

Die wärmende Sonne,
sie hat die Triebe gedeihen lassen.

Der wertvolle Regen,
er hat das Wachstum unterstützt.

Das satte Korn,
es sichert unser tägliches Brot.

Die aromatischen Früchte,
sie bereichern unsere Tafel.

Die Vielfalt der Gemüse,
sie bringen uns Gesundheit und Abwechslung in unseren Speiseplan.

Die Mühen des Jahres,
sie haben sich gelohnt.

Die Schätze der Ernte begleiten uns durch den Winter.

– Erntedank –

10 Wasser

Wenn ich innere Dinge erklären will, so erscheint mir kein Bild so geeignet wie das Wasser.
Teresa von Avila

Das Element Wasser findet man in jedem Kloster. Manchmal sprudelt ein kleiner Brunnen im Kreuzgang, hin und wieder findet man eine Quelle im Klostergarten, ab und zu einen Teich auf dem Klostergelände. Vielfach wurden historische Klosterbauten an Gewässern errichtet, an Flüssen, Seen oder am Meer, da man einerseits den Speiseplan in den Konventen durch Fischgerichte bereicherte, das Wasser selbst aber auch für die Klosterküche, die klösterliche Landwirtschaft und die Hygiene in den Konventen benötigte.
Wasser ist für die Ordensleute aber immer auch Sinnbild für den Fluss des Lebens.

Wasser ist ein Lebenselixier. Wir Menschen bestehen zu rund 70 Prozent aus Wasser.
Ohne Nahrung können wir eine lange Zeit überleben, aber Wasser ist für den menschlichen Körper lebensnotwendig.
Wasser reinigt uns Menschen, äußerlich, aber auch innerlich.

Setzen Sie sich an einen kleinen Bach oder einen Brunnen, schließen Sie die Augen und lauschen dem Geplätscher des Wassers.
Stellen Sie sich vor, wie das kühlende Nass an einem Sommertag über Ihren Körper fließt, wie es Sie erfrischt und belebt.
Nun tauchen Sie ein in ein imaginäres Meer, lassen sich vom Wasser umspülen.
Schwimmend durchkraulen Sie die Fluten, die Ihren Körper umspielen.
Sie fühlen sich wie neugeboren.

Nun befördern Sie sich in Ihrer Fantasie in die Wüste. Nach einem langen Weg gelangen Sie endlich zur Oase. Eine herrliche Quelle erwar-

tet Sie dort. Sie fangen das Wasser mit Ihren Händen auf, schlürfen es in sich hinein und spüren, wie es sich in Ihrem Körper ausbreitet. Sie benetzen Ihr Gesicht, lassen das köstliche Nass über Ihre Unterarme rinnen.
Plötzlich ist alle Hitze, alle Anstrengung vergessen.

Sie lauschen dem Fluss des Wassers, das an Ihnen vorbeifließt. Mit dem gleichmäßigen Geräusch macht sich Ruhe in Ihnen breit. Das Wasser hat sich über Jahrhunderte seinen Weg gebahnt, es hat den Menschen Leben und Kraft gebracht und sich nicht in Schranken weisen lassen.
Sein gleichmäßiger Fluss trägt Sie, was auch immer kommen mag.

11 Die Welle

Wenn wir uns die Wirklichkeit als einen unendlichen Ozean vorstellen, dann sind wir so etwas wie die Wellen auf diesem Meer.
Willigis Jäger

Es gibt Phasen im Leben, die dominiert sind von Problemen. Unsere Gedanken kreisen ständig um diese Schwierigkeiten, unsere Gefühle sind tangiert durch sie. Uns scheint, als trügen wir eine große Last auf unseren Schultern, und alle Leichtigkeit geht verloren.
In diesen Momenten stelle ich mir vor, auf einer Welle zu schwimmen.
Ich werfe alle Lasten ab und steige in die Fluten.
Mit dem Rücken auf dem Wasser liegend, breite ich die Arme aus und lasse mich treiben.
Ganz entspannt und voller Vertrauen überlasse ich mich diesem Element.

Nicht ich muss mich bewegen, sondern alle Bewegungen gehen vom Wasser aus.
Nicht ich muss etwas tragen, sondern ich werde getragen.
Nicht ich muss die Richtung bestimmen, sondern die Strömung gibt sie mir vor.

Ich überlasse mich mit geschlossenen Augen den leichten Bewegungen des Meers. Fühle mich wie ein Kind, das auf einer Schaukel sitzt und hin und her schwingt.
Die leichten Wellen tragen mich auf und ab.
Die Sonne wärmt meinen Körper, meine Seele, mein Herz.
Alle Lasten sind vergessen.

Plötzlich kommt eine große Welle.
Mit Schwung werde ich nach oben getragen.
Mein Herz hüpft, als ich den höchsten Bogen erreiche.
Ich bin dem Himmel näher gerückt.
Alle Angst, alle Bedenken sind verflogen.

Eine Weile gebe ich mich diesem Glücksgefühl hin. Die Welle bricht, und ich rutsche mit ihr nach unten. Mein Körper taucht unter – ohne Panik, denn ich vertraue darauf, dass das Meer mich trägt.

Das Wasser bringt mich wieder nach oben und perlt an mir herunter, während ich mich erneut den leichten Schwingungen der Meeresoberfläche überlasse. Ich genieße diese Leichtigkeit mehr und mehr.

Alle Gedanken, alle Düsternis, alle Lasten sind verflogen. Die nächste große Welle erwarte ich mit Freude.
So lange überlasse ich mich dem Spiel der Brandung, bis der Schwung, die Schwerelosigkeit, die ich im Wasser empfinde, sich ganz in mir ausgebreitet haben.

Denn jetzt weiß ich, ich werde alle Höhen mit Leichtigkeit meistern, ohne Angst davor, unterzugehen.

12 Die Rose

In so manchem Klostergarten wachsen herrliche Rosen. Alte Sorten, die man heute kaum noch findet. Manchmal wurden sie von früheren Ordensleuten gepflanzt und über Generationen von Nonnen oder Mönchen gepflegt.

Farbenprächtige Rosenbüsche und stolze Rosenbäumchen sieht man da.
Sie haben eine edle Ausstrahlung und sind ein Symbol für Reinheit und Klarheit.
Jede einzelne Blüte ist eine Schönheit für sich.
Faszinierend sind die zarten Knospen mit den samtigen Blättern, die sich allmählich entfalten.

Hegen und pflegen muss man manch fragile Blüte.
Andere Sorten sind robuster und brauchen keine umfangreiche Pflege.

Gießen muss man sie jedoch alle, und hin und wieder benötigen sie auch ein wenig Dünger. So können sie wachsen und gedeihen.

Am Morgen, wenn die Tautropfen die Blütenblätter benetzen, duften die Rosen besonders schön. Schon von Weitem fängt man die Gerüche mit der Nase auf. Manche Sorten strömen einen betörenden Duft aus, andere sind etwas zurückhaltender.

Und diese Farben!
Zartrosa, sonnengelb, kräftig orange oder dunkelrot leuchten die Rosenköpfe im Garten. Man kann sich gar nicht an dieser Farbenpracht sattsehen.
Auch Schmetterlinge fühlen sich angezogen. Ihre bunten Flügel konkurrieren mit den Farben der Rosen.
Bienen und Wespen machen sich an den Blütenköpfen zu schaffen.
Welch ein Leben rings um die Rosenstöcke!

Bei zunehmender Sonneneinstrahlung öffnen sich die Blüten weit. Sie zeigen sich nun von ihrer schönsten Seite. Wie Gemälde sehen sie aus. Edel und formvollendet – so hat sie die Natur geschaffen.

Aber allmählich vergehen die Rosen.
Die Blütenblätter beginnen zu welken. Eins nach dem anderen fällt zu Boden. Zuletzt sind nur noch die grünen Blätter an den Stängeln vorhanden.
Ein wenig verlassen und traurig sehen die Rosenstöcke nun aus.
Es dauert nicht mehr lange, dann fallen auch die Blätter von den Stängeln ab.

Nun ist es Zeit, die Rosenstöcke zu beschneiden, damit sie im nächsten Frühjahr wieder austreiben können.

Vor dem ersten Frost werden die Pflanzen mit Zweigen bedeckt. So sind sie geschützt vor den Unbilden des Winters.

Der erste Schnee fällt und bedeckt die Rosenstöcke mit einem weißen Kleid. Im Laufe des Winters wachsen die Schneeberge.
Von den Rosen ist nichts mehr zu sehen –
bis das erste Tauwetter kommt.

Allmählich kann man wieder erkennen, was der Schnee über viele Wochen verborgen hat.
Die Rosen haben den Winter überstanden.
Mit zunehmenden Temperaturen kann man es wagen,
die Zweige von den Pflanzen zu entfernen.

Nun können sie wieder aufatmen und mit dem Wachstum beginnen.
Damit der Garten in den warmen Monaten wieder in der Rosenpracht erstrahlt.
Der Kreis schließt sich.

Mit allen Sinnen

13 Träumen

Tauche immer wieder ein in deine Träume.
Sie sind wie eine innere Stimme in dir.
Wunibald Müller

Träume – sie entführen mich in meine innere Welt.
Sie verdeutlichen mir, was mich beschäftigt und mein Herz bewegt – meine Sorgen, meine Wünsche, meine Sehnsüchte.

Träume – vor ihnen kann ich nicht flüchten.
Sie zeigen mir die Irrungen und Wirrungen meiner Seele – die Pfade, die mich ins Abseits führen, und die Wege, die ich verfolgen sollte.

Träume – sie führen mir die Menschen vor Augen, die mich beschäftigen. Solche, die bereits einen wichtigen Platz in meinem Leben eingenommen haben, und andere, deren Bedeutung mir noch nicht ganz klar geworden ist.

Träume – sie sind ein Barometer meiner Befindlichkeit.
In turbulenten Zeiten können sie in meinem Unterbewusstsein Lawinen auslösen.
In Zeiten der Ruhe und Ausgeglichenheit können sie mich an die herrlichsten Orte entführen.

Träume – hin und wieder sind sie wie Vorhersagen.
In ihnen begegne ich Menschen und Situationen, mit denen ich dann plötzlich auch im wachen Zustand konfrontiert bin.

Träume – sie halten mir den Spiegel vor.
Man kann ihnen nichts vormachen oder sie manipulieren. Sie offenbaren mir, wie ich mich selbst gerne sehen möchte, aber auch, welche Rolle ich im Leben einnehme.

Träume können manchmal beunruhigen, aber beiseiteschieben sollte man sie nie.
Träume können bisweilen aufdringlich sein,

weil sie einem immer wieder die gleiche Situation vorhalten. Bis man sich ihnen stellt und sie zu deuten versucht.
Träume können gelegentlich erhellend sein, da sie einem den Schlüssel für die Lösung eines Problems in die Hand geben.
Träume können Dinge in uns beleuchten, die wir kaum zu denken, geschweige denn auszusprechen wagen, die aber dennoch ein Teil unseres Wesens sind.
Träume können Balsam für unsere Seele sein, da sie uns in Situationen entführen, die uns glücklich machen.
Träume sind berauschend, beflügelnd, motivierend und inspirierend.
Deshalb vergessen Sie nie zu träumen!

14 Bildmeditation

Manchmal spricht mich ein Bild besonders an. Die Abbildung einer Zeichnung oder eines Gemäldes, ein Foto oder auch einfach nur eine Skizze. Beim Durchblättern eines Buchs oder auch nur im Vorbeigehen bleibt mein Blick daran hängen.
Motive, die mich so berühren, lege ich zur Seite und nehme sie mir an einem ruhigen Abend wieder vor.
Wie bei einer in Klöstern oft praktizierten Bildmeditation nehme ich das Bild ganz genau wahr und beschreibe innerlich, was ich sehe. Rasch tauchen Fragen auf, die mich beschäftigen.
Rein technische zuerst, beispielsweise danach, warum der Künstler einen bestimmten Bildausschnitt gewählt hat. Warum er Personen ins Bild setzt und an welchen Stellen. Welchen Beschäftigungen die Dargestellten nachgehen und was die Farbgestaltung zu bedeuten hat.

Allmählich leiten diese Fragen über zu mir persönlich.
Warum fasziniert mich dieses Bild?
Welche bestimmten Komponenten sind es, die mich daran fesseln?
Hat dieses Bild etwas mit mir zu tun?
Welche Emotionen weckt es in mir und warum?
Erinnert es mich vielleicht an eine Situation, die ich selbst schon erlebt habe?

Ich versuche, mich selbst in dieses Bild hineinzuversetzen. An eine Stelle, an der ich mich wohlfühlen könnte.
Ich überlege, was ich mit den dargestellten Personen am liebsten besprechen würde und kommuniziere in Gedanken mit ihnen.
Fühle ich mich geborgen in ihrer Mitte und in diesem Bild oder gibt es etwas, das Unbehagen in mir auslöst?
Wenn ich einen Widerstand spüre, gehe ich ihm nach. Vielleicht erinnert mich das Bild an eine Situation, die mich besonders stark berührt hat.

Es könnte mich natürlich auch an ein noch ungelöstes Problem erinnern. Aber zeigt es dann nicht auch einen Weg auf, wie ich dieses angehen könnte?
Ich schaue mir die dargestellte Szene ganz genau an. Immer wieder entdecke ich Neues, kleine Details, die ich am Anfang übersehen habe. Es ist faszinierend, wie sich ein Motiv auch anders interpretieren lässt, wenn man den Blickwinkel ändert.

Ab und an kann ich mich mit einem Bild sehr intensiv beschäftigen.
In manchen Situationen merke ich auch, dass ich nicht weiterkomme. Dann kann es sein, dass es sich nicht um das „richtige" Bild in meiner derzeitigen Situation handelt. Es spricht mich in diesem Moment nicht an.
Manchmal schließe ich meine Bildbetrachtung mit einem beglückenden Gefühl ab.
Hin und wieder lässt sie aber auch Fragen offen, aber damit kann ich für den Augenblick leben.

In solchen Fällen nehme ich mir das Bild bei nächster Gelegenheit wieder vor. In einer neuen Situation kann ich es mit anderen Augen betrachten.

15 Schweigen

Das Schweigen dient dem Hören, dem Lauschen auf Gottes Wort. Es macht feinfühlig für Gottes Gegenwart als den Raum, in dem wir uns bewegen, und für Gottes Wort, das uns den Weg weist.
Anselm Grün

Schweigen: auskommen ohne Worte.

Schweigen: stehen bleiben.
Alle Hektik beiseitelegen.
Alles Gerede einstellen.
Laute Geräusche meiden.

Schweigen: stillhalten.
Um das Trübe in uns zu sehen.
Um das Dunkle in uns zu erhellen.
Um die Impulse unseres Herzens zu erkennen.

Schweigen: hören.
Hören auf andere.
Hören auf das, was mich umgibt.
Hören auf die innere Stimme.

Schweigen: nachdenken.
Über die Worte, die ich benutze.
Über den Ton, den ich pflege.
Über den Umgang, den ich habe.

Schweigen: sich zurückziehen.
Bei sich selbst sein.
Mit sich selbst auskommen.
Sich selbst genügen.

Schweigen: ehrlich sein.
Nichts mit Phrasen überdecken.
Nichts in Grund und Boden reden.
Sich von der Last der Worte befreien.

Schweigen: zur Ruhe kommen.
Die Gedanken fließen lassen.
Nichts totschweigen.

Alles hochkommen lassen, was mich bewegt.
Es betrachten und loslassen.

Schweigen: Nähe spüren.
Nähe zu mir selbst.
Nähe zu einem vertrauten Menschen.
Nähe zur Natur.
Nähe zu Gott.

Schweigen: mit sich selbst eins sein.
Meinen inneren Raum der Stille öffnen.
Frei sein von den Erwartungen, die andere an mich haben.
Frei von den Ansprüchen, die ich an mich selbst stelle.
Der sein zu können, der ich bin.

Das Schweigen birgt die Chance,
mit sich selbst in Kontakt zu kommen,
sich zu öffnen für Verborgenes.
Wer manchmal auf das Reden verzichtet,
wird seine Worte später mit mehr Bedacht wählen.

16 Dankbarkeit

Übersieh neben dem Dunklen, das es in deinem Leben gibt, nicht das Lichtvolle und deine guten Werke. Danke dem Herrn für alles, aber rühme dich nicht deines Gut-Seins.
Nach Aurelius Augustinus

Dankbar zu sein, dafür gibt es täglich Anlässe. Allzu oft verspüren wir nur bei großen, außergewöhnlichen Ereignissen in unserem Leben tiefe, lang anhaltende Dankbarkeit.
Dabei übersieht unser Blick manchmal Dinge, die wir als Selbstverständlichkeiten verstehen, ohne die unser Leben aber viel ärmer und beschwerlicher wäre.

Dankbarkeit für die Gesundheit,
dafür, dass wir ohne Beschwerden und Behinderungen,
ohne Einschränkungen und Beeinträchtigungen leben dürfen.

Dankbarkeit für unseren Partner,
der uns Liebe und Geborgenheit schenkt,
uns beschützt und unterstützt –
auch und gerade in schwierigen Zeiten.

Dankbarkeit für die Familie,
für Eltern und Geschwister, die dieselben
Wurzeln haben und mit uns wachsen,
für die Kinder, die unser Leben bereichern und
unsere Gemeinsamkeiten weitertragen.

Dankbarkeit für Freunde,
die für uns da sind,
die Zeit mit uns teilen, uns inspirieren und
unterstützen, mit uns lachen und weinen.

Dankbarkeit für ein Leben in sozialer Sicher-
heit,
mit einem Zuhause, das wir nach unseren
Vorstellungen gestaltet haben,
einer Tätigkeit, die uns erfüllt und für die
Gesellschaft sinnvoll ist, ohne Sorgen um das
tägliche Überleben.

Dankbarkeit für die Bildungsmöglichkeiten,
die uns offenstehen und unsere Chancen im
Leben bestimmen.
Für die Angebote, in allen Etappen unserer
Entwicklung Neues zu lernen und unser
Wissen zu verbessern.

Dankbarkeit für ein Leben in Frieden,
ohne Konflikte und kriegerische Auseinander-
setzungen,
ohne Angst vor sinnloser Zerstörung und Tod.

Dankbarkeit für unser Leben in Freiheit,
in dem wir die wesentlichen Entscheidungen
für unseren Weg selbst treffen,
uns frei bewegen können
und in einem Staat leben, der uns Menschen-
rechte und Meinungsfreiheit garantiert.

Dankbarkeit für den Reichtum der Natur,
die Früchte, die wir ernten können,
die Landschaften, die wir durchwandern,
die Gewässer, die uns erfrischen,
die Luft, die wir atmen.

Dankbarkeit für so viele Dinge im Leben,
die jedem Menschen jeden Tag geschenkt
werden.

17 Lachen

Die Jünger müssen Gehorsam mit frohem Herzen leisten, denn Gott liebt einen fröhlichen Geber.
Benedikt von Nursia

Lachen vor Freude –
aus vollem Herzen.

Lachen vor Glück –
mit Freudentränen.

Lachen – nicht auf Kosten von anderen,
sondern mit anderen.

Gemeinsam lachen –
welch verbindendes Gefühl.

Lachen auch über Kleinigkeiten,
das sich weiterträgt und verselbstständigt.

Lachen – manchmal auch in traurigen
Momenten,
es schiebt die Tränen beiseite.

Albern lachen – über Nichtigkeiten,
warum auch nicht.

Anhaltend lachen, bis man sich den Bauch hält.

Fröhlich lachen, bis die Mundwinkel spannen.

Befreit lachen – mit frohem Herzen.

Spontan lachen – in Gedanken an einen lustigen Moment.

Sich kugeln vor Lachen – wie die Kinder,
welch ein Glücksgefühl.

Lachen – manchmal gerät es in Vergessenheit.
Dabei ist es Balsam für Körper, Geist und Seele.

18 Vogelperspektive

Einst wollte ein Meister gerade zu einer Auslegung anheben, als ein Vogel zu singen anfing. Der Meister schwieg daraufhin, und alle lauschten dem Vogel. Als dieser verstummte, sagte der Meister, die Auslegung sei bereits erfolgt – und ging seiner Wege.
Aus dem Zen-Buddhismus

Manchmal stelle ich mir vor, ich sei ein Vogel.
Ich breite meine Flügel aus und schwinge mich in die Lüfte.
Ich fühle mich der Sonne näher und erwärmt von ihren Strahlen.

Aus der Vogelperspektive sehe ich die Natur mit anderen Augen.
Ich entdecke Waldflächen, die von Menschen bearbeitet,
Flüsse, die von ihnen in ein Bett gezwungen,

Felder, die kultiviert, und Berge, die von Menschenhand abgetragen wurden.
Wenn immer ich sehe, dass die Natur solche von Menschenhand geschaffenen Schranken durchbrochen hat, freue ich mich.
Über eine brach liegende Fläche, auf der sich Unkraut breitmacht,
über einen kleinen Bach, der durch die Auen mäandert,
über einen Ozean, dessen Wellen an einen menschenleeren Strand spülen.

Nicht alles bekommen wir Menschen in den Griff – das gibt mir Hoffnung.

Von ganz weit oben betrachte ich meine Wohnung.
Aus dieser Perspektive wirkt mein Lebensmittelpunkt ganz klein.
Er fügt sich ein in eine große Vielzahl von Häusern und ist plötzlich nicht mehr der Nabel der Welt.
Aus der Luft sehe ich viele Menschen.

Solche, die sehr zügig mit entschlossenem Gesichtsausdruck unterwegs sind.
Andere, die fast rennen und gehetzt wirken.
Und wieder andere, die gemächlichen Schritts voranschreiten.
Letztere haben oft einen entspannten Gesichtsausdruck und sind ganz bei sich selbst.

Zu welcher Gruppe gehöre ich wohl im Moment, frage ich mich, während ich die Welt von oben betrachte, und halte einen Moment inne.

Oben in den Lüften denke ich an die Dinge, die mich bewegen.
Die Vorgänge und Erlebnisse, die mich zum Grübeln bringen und meine Gedanken dominieren.
Mit zunehmender Entfernung sind sie plötzlich gar nicht mehr so bedeutsam.
Sie sind ein winzig kleiner Mosaikstein in meiner Welt, für den noch nicht die richtige Stelle gefunden wurde.

Aber hier oben am Himmel sehe ich plötzlich, an welchem Platz ich diesen Mosaikstein einfügen muss, damit mein Leben die passende Form bekommt.

Rings um mich ist Stille, mein Blick geht weit.
In diese Stille hinein fange ich an zu singen.
Ganz froh wird mir ums Herz, denn hier oben hört mich niemand.
Und es ist gleichgültig, wenn ich mal nicht den richtigen Ton treffe.
Ich bin ganz bei mir selbst.

Leicht und beschwingt fühle ich mich, als ich wieder zur Erde zurückkehre.
Aus der Vogelperspektive habe ich gelernt, dass der Kosmos größer ist als meine kleine Welt.

Stärkung und Ermutigung

19 Das Labyrinth

So manches Kloster verfügt in seinem Garten über ein Labyrinth. Das kann ein Steinweg sein, ein Kräuterpfad oder möglicherweise auch immergrüne Hecken, die so hoch gewachsen sind, dass man nicht darüberschauen kann.

Solche Labyrinthe ziehen einen oft magisch an. Irgendwie fühlt man sich in die Kindheit versetzt, wenn man einfach drauf losgeht, ohne zu wissen, wie und ob man den Ausgang findet.

Die Zeit, die man dafür aufwenden muss, spielt keine Rolle. Schließlich ist dies kein Wettbewerb.

Wandeln Sie einfach spontan und ohne strategische Überlegungen auf den Pfaden des Labyrinths.

Versuchen Sie, den Mittelpunkt anzusteuern. Was empfinden Sie dabei, wenn Sie ohne Plan Ihrem inneren Antrieb folgen?

Wer in eine Sackgasse gerät, muss wieder zurück und seine Orientierung ändern, sonst bleibt er hängen. Das ist wie im richtigen Leben. Wie geht es Ihnen dabei? Sind Sie frustriert oder macht es Ihnen nichts aus, einen anderen Weg zu testen?
Am spannendsten ist es natürlich, wenn hohe Hecken einem den Überblick über die Gesamtanlage versperren. Da kann man sich leicht verlaufen. Werden Sie dabei panisch und rennen verzweifelt hin und her oder bleiben Sie stehen und denken ruhig darüber nach, wie Sie aus dieser Zwickmühle wieder hinausfinden?
Können Sie es auch von der heiteren Seite nehmen, wenn der Weg Sie einmal nicht weiterführt, und über sich selbst und Ihre Situation lachen?

Und weiter geht es, bis Sie endlich im Mittelpunkt des Labyrinths stehen.
Freuen Sie sich über Ihren Erfolg, den Sie – mehr oder weniger zielstrebig – erreicht haben.

Nun geht es darum, den Ausgang zu finden. Wer aufmerksam war, hat sich die Struktur der Pfade gemerkt und findet leichter wieder zum Ziel. Gehören Sie zu diesen zielstrebigen Menschen?
Wer etwas kopflos drauf losgelaufen und mehr zufällig zur Mitte geraten ist, wird sich vermutlich etwas schwerer tun. Außer, das Glück ist auf seiner Seite. Aber darauf kann man sich nicht immer verlassen.
Besser sollte man selbst aufmerksam seine Schritte beobachten und immer darauf achten, welche Richtung man einschlägt – egal ob im Labyrinth oder im täglichen Leben.
Das Labyrinth hält einem den Spiegel vor. Deshalb ist es sehr spannend, sich hin und wieder diesem Spiel zu überlassen. Dafür bedarf es nicht unbedingt eines Labyrinths in der Natur, es kann auch ein gemaltes sein.

20 Die Blickrichtung ändern

Übe dich im Durchhalten und lerne Durststrecken zu überstehen – umso größere Gnaden werden dir zuteil. Selbst wenn Enttäuschungen dich erschüttern sollten oder starke Versuchungen dich zu Fall gebracht haben: Stehe auf, ändere deine Blickrichtung und setze dein begonnenes geistliches Leben fort.
Nach Ignatius von Loyola

Wenn ein Problem Ihre Gedanken dominiert, setzen Sie sich hin, schließen die Augen und atmen ganz tief ein und doppelt so lange aus, bis Ihre Atemzüge ruhig und ausgeglichen sind.

Betrachten Sie Ihr Problem vor Ihrem inneren Auge. Stellen Sie es sich als einen Würfel vor, dessen sechs Seiten Ihnen einen jeweils ganz anderen Blickwinkel ermöglichen.

Betrachten Sie nun Ihre bisherige Sichtweise. Führen Sie sich die Argumente vor Augen, die für Sie bisher maßgeblich waren.

Dann ändern Sie die Blickrichtung und drehen den Würfel um. Dies gibt Ihnen eine andere Möglichkeit, Ihr Problem zu betrachten. Welche Argumente ergeben sich aus dieser Sicht? Prüfen Sie sie offen und ehrlich. Wenn es neue Gesichtspunkte gibt, behalten Sie sie in Ihrem Herzen.

Nun lagern Sie den Würfel auf einer anderen Seite. Wieder ergibt sich eine andere Sichtweise. Ihr Problem sieht aus dieser Perspektive erneut anders aus. Möglicherweise ergeben sich so Lösungsmöglichkeiten, die Sie vorher nicht gesehen haben.

Korrigieren Sie Ihre Blickrichtung erneut und betrachten Sie den Würfel von einer weiteren Seite aus. Auch hier gibt es neue Argumente, die Sie der Problemlösung etwas näher bringen.

Wenden Sie den Würfel vor Ihrem inneren Auge so oft, bis Sie jede Seite und jeden Blickwinkel genau analysiert haben. Der Würfel hat auf jeder Seite eine stabile Lage, er kann Ihnen nicht aus den Händen rollen wie eine Kugel. So können Sie sicher sein, dass Ihr Problem Ihnen nicht entgleitet.
Wenden Sie den Würfel so lange, bis das Problem seine übergroße Dimension verloren hat. Sammeln Sie vor Ihrem inneren Auge alle Möglichkeiten, die zur Lösung beitragen. Seien Sie dabei ehrlich zu sich selbst. Sicherlich gibt es viele neue Aspekte, die Ihren Blick in eine andere Richtung lenken und verhindern, dass Sie in eine Sackgasse ohne Ausweg geraten.

Wenn Sie nun die Augen wieder öffnen, notieren Sie sich die neuen Blickrichtungen, die der Würfel Ihnen gezeigt hat, und machen Sie sich möglichst rasch daran, Ihr Problem aus dem Weg zu räumen.

21 Weniger ist mehr

In manchen Klöstern gibt es ein Ritual, das auch für viele Menschen außerhalb der Klostermauern sehr hilfreich sein kann: den Entrümpelungstag.
In der Regel findet er einmal pro Jahr statt. Häufig in der Fastenzeit.
Dann sind die Ordensleute angehalten, überflüssige Dinge aus ihren Zellen auszumisten und nur das zu behalten, was sie wirklich benötigen.
Es sei erstaunlich, sagte mir einmal ein Mönch, was sich da manchmal im Laufe eines Jahres angesammelt habe. Dabei haben die Nonnen und Mönche in der Regel nur einen persönlichen Raum zur Verfügung und damit aus Platzgründen gar nicht die Möglichkeit, allzu viel zu horten.
Mancher Wohnung, dem ein oder anderen Haus würde ein solcher Entrümpelungstag auch guttun.

Ich habe ihn für mich im Frühjahr eingeführt. Wenn die Natur nach einem langen Winterschlaf im Aufbruch ist, habe ich auch für mich das Bedürfnis, Platz zu schaffen für Neues.
In meinem Büro durchforste ich alle Unterlagen und Regale und werfe weg, was ich nicht mehr benötige, schließlich brauche ich Raum für die neuen Ideen und Projekte.
Im restlichen Haus überlege ich, auf was man verzichten kann. So mancher Dekorationsgegenstand, den man einmal hübsch gefunden hat, steht eigentlich nur noch im Weg herum. Wenn man ihn wegnimmt, können die einzelnen Möbelstücke besser wirken. Zu viel Krimskrams versperrt den Blick auf das wirklich Schöne.
Die Kissen bekommen neue Bezüge in frischen Frühlingsfarben, alte Topfpflanzen, die schon seit einer Weile dahinvegetieren, wandern in den Müll. Die Frühlingssonne offenbart ihren bedauernswerten Zustand. So werden die Fenster frei, die Sicht kann ohne Hindernisse nach außen in die Natur gehen.

Allmählich weitet sich der Blick, in den Räumen steht nicht mehr zu viel herum. Mein Elan wächst meist im Laufe der Aktion, so dass ich mir auch die Schränke vornehme. Dort hinein hat sich so mancher Gegenstand verkrochen, von dem ich schon gar nicht mehr weiß, dass es ihn überhaupt noch gibt. Die Dinge, die man täglich benötigt, sind hin und wieder so zugestellt, dass man erst einmal einiges beiseite räumen muss, um an sie heranzukommen. Die hintersten Schrankecken bringen manchmal Erstaunliches zutage.

Mit dem Räumen verbinde ich gleich den Frühjahrsputz. Das Ausmisten geht mit dem Reinigen einher.

Am Ende des Tages bin ich verschwitzt und müde, aber auch sehr zufrieden. Jedes Teil, auf das ich verzichtet habe, hat mich ein wenig erleichtert. Wenn ich mir dann die Menge anschaue, die ich zusammengetragen habe, um sie wegzugeben oder wegzuwerfen, fühle ich mich glücklich.

Ich habe einen Berg abgetragen und damit eine unbemerkte Last von meinen Schultern genommen. Ich brauche das alles nicht mehr und freue mich an den Gegenständen, die ich behalten habe. An denen mein Herz wirklich hängt. Sie bekommen jetzt die gebührende Aufmerksamkeit, weil sie nicht mehr „ein Teil unter vielen" sind.

Weniger ist eben einfach mehr.

22 Licht

Geht euren Weg, solange ihr das Licht habt,
damit euch nicht die Finsternis überrascht.
Wer in der Finsternis geht, weiß nicht, wohin er gerät.
Jesus im Evangelium nach Johannes

Licht ist für uns Menschen ein ganz wesentlicher Faktor für ein Leben in Balance.
Wer nur von Grau umgeben ist, der wird alles nur grau sehen. Wer im Dunkeln lebt, der wird der Trübnis verfallen.
Seine Gedanken werden beeinträchtigt durch das fehlende Licht. Er wird traurig, schwermütig, schlimmstenfalls sogar depressiv.
Wir können es manchmal an uns selbst beobachten, wie sich die fehlende Helligkeit an kurzen Wintertagen auf uns auswirkt. Wir kommen kaum aus dem Bett, sind schlecht gelaunt und haben Mühe, den Anforderungen des Tages gerecht zu werden.

Finsternis macht sich breit. Es fehlt – im doppelten Sinne – die Erleuchtung. Wir wandeln im Dunkeln, das auch die beste Beleuchtung unserer Häuser nicht vertreiben kann. Wir zünden uns Kerzen an, um ein Licht zu erzeugen, dass nicht nur unsere Räume erhellt, sondern auch unsere Herzen erwärmt.
Vor allem am Ende eines langen Winters ist man müde, ausgelaugt, vielleicht sogar antriebslos. Man sehnt sich nach den langen Sonnenstunden und fiebert dem Frühling entgegen.
Werden die Tage heller und länger, so geht auch uns ein Licht auf. Man möchte es förmlich in sich aufsaugen, so wie ein Dürstender nach Wasser lechzt.
Langsam erwachen die Lebensgeister. Es drängt uns nach draußen, die Finsternis weicht. Im hellen Licht betrachtet, sieht unsere Welt doch gleich ganz anders aus.
Jetzt könnten wir Bäume ausreißen und möchten am liebsten drei Dinge gleichzeitig tun, so viel Elan haben wir plötzlich.

Je mehr die finsteren Tage weichen, umso leichter fällt uns das Leben. Wir werden beweglicher, körperlich und gedanklich. Endlich ist Licht am Ende des Tunnels. Es geht bergauf.

23 Auf zum Gipfel

Mit Christus unterwegs zu sein bedeutet auch, nicht viele Worte zu machen, denn er weiß um dich. Öffne dich ihm im einfachen, sich wiederholenden Gebet und sei allen im Himmel und auf Erden dankbar, die dich auf diesem Weg unterstützen und begleiten.
Basilius

Manchmal ist das Leben ein Hürdenlauf. Ein gestecktes Ziel scheint unerreichbar. Zu viele Steine blockieren den Weg zum Gipfel.
Wenn der Pfad zu mühsam wird, ist dies ein Zeichen innezuhalten, bevor einen die Verzweiflung übermannt.
Schließen Sie die Augen und setzen Sie sich gedanklich an den Wegesrand.
Atmen Sie so lange tief ein und sehr lange aus, bis Sie innerlich zur Ruhe gekommen sind.

Betrachten Sie den Weg, den Sie schon hinter sich gelegt haben. Ein ganzes Stück haben Sie gewiss bereits geschafft. Freuen Sie sich darüber und seien Sie ein wenig stolz darauf.
In dem Bewusstsein, schon einige Hürden gemeistert zu haben, können Sie nun gedanklich nach vorne blicken.
Betrachten Sie in Ruhe, was Ihnen im Weg liegt. Heften Sie den Blick auf den ersten „Gesteinsbrocken“, der Ihnen zu schaffen macht. Vielleicht ist er aus der Nähe betrachtet gar nicht mehr so gewaltig, und es fällt Ihnen eine Lösung ein, wie Sie ihn nun ohne große Anstrengungen aus dem Weg räumen können.
Gehen Sie jetzt mit etwas mehr Gelassenheit Richtung Gipfel.
Wenn die nächste Hürde kommt und sie Ihnen unüberwindbar scheint, überlegen Sie, wer Ihnen helfen könnte, sie beiseite zu räumen.
Sie müssen die Zügel nicht immer in der Hand behalten. Öffnen Sie sich, vertrauen Sie und lassen Sie sich führen.

Reichen Sie Ihrem unsichtbaren Begleiter die Hand, möglicherweise kennt er einen anderen Weg zum Gipfel.
Seien Sie dankbar für diese Unterstützung.
Sie merken, dass der Weg zu zweit besser zu meistern ist.
Halten Sie inne und betrachten Sie die nächste Wegstrecke. Die Ruhe hilft Ihnen, Klarheit zu gewinnen für die weitere Etappe Richtung Gipfel. Vielleicht wird Ihnen auch deutlich, dass Sie Ihre Zielvorgaben ein wenig revidieren müssen.
Aber das ist kein Problem, denn Sie haben ja schon eine gute Wegstrecke zurückgelegt.
Dies gibt Ihnen Zuversicht, auch den Rest zu schaffen.
Und so können Sie sich getrost wieder der Realität stellen, denn Sie wissen ja: Wenn Sie glauben, nicht mehr weiterzukommen, müssen Sie sich nur wieder an den Wegesrand setzen und die nächsten Schritte genau ins Visier nehmen, bis Sie Ihr Ziel erreicht haben.

Aufgehoben sein

24 Liebe

Der verliebte Mensch ist ein behutsamer, sanftmütiger, demütiger und geduldiger Mensch.
Johannes vom Kreuz

Liebe trägt uns –
über alle Hindernisse,
durch Täler und Schluchten,
auf Berge und Höhen, durch das ganze Leben.

Liebe beschützt uns –
vor falschen Begleitern,
vor Spuren, die ins Abseits führen,
vor Schmähungen und Anfeindungen.
Sie ist unser Schutzschild.

Liebe bringt uns Leichtigkeit –
in der Begegnung mit anderen Menschen,
im Umgang mit unseren Schwierigkeiten,
bei der Entdeckung neuer Möglichkeiten,
in der Betrachtung unserer Lebensperspektiven.

Liebe macht uns fröhlich –
sie bringt Freude in unser Leben,
Licht in unseren Alltag,
Lachen in unser Heim,
Wärme in unsere Herzen.

Liebe bringt Frieden –
weil wir geduldiger sind im Umgang mit
unseren Mitmenschen,
offener sind für die Sichtweisen anderer,
keinen Groll in unseren Herzen bewegen und
die ganze Welt an unserem Glück teilhaben
lassen möchten.

25 Der Weg

Als Kind habe ich immer geglaubt, dass da, wo mein Blick endet und sich Himmel und Erde berühren, die Welt aufhört. Doch als ich dem Horizont entgegengelaufen bin, habe ich gemerkt, es geht da immer weiter und weiter.
Odilo Lechner

Das ganze Leben ist ein Weg – bis zum Ende unserer Tage.
Wir beschreiten ihn in der Stunde unserer Geburt. Die ersten Jahre gehen wir diesen Weg in Begleitung. Geführt an der Hand wagen wir die ersten Schritte.

Wohin es geht, kann man noch nicht genau erkennen.
Wir probieren diesen Pfad, testen jene Route. Manchmal stolpern wir und fallen hin. Dann ist ein Weg für uns noch nicht richtig geebnet. Vielleicht ist er auch nicht der passende.

Viele Wege beschreiten wir in unserer Jugend.
Das ist gut so, denn je mehr Wege
wir erkunden,
desto größer ist die Chance,
dass wir den Weg finden,
der zu uns passt.

Hin und wieder geraten wir auch auf Abwege.
Wir enden in der Sackgasse. Ab und zu ist es
schwierig, daraus den Rückweg anzutreten.
Aber je konsequenter wir die Schritte zurück
in die Ausgangsrichtung setzen, desto größer
ist die Chance, dass wir es noch mal schaffen,
aus der Falle herauszukommen.

Aus jedem Weg lernen wir,
wir müssen es nur wollen.
Jeder Weg hat seine Besonderheiten.
Manch einer ist holperig und voller Löcher,
in die wir einknicken können.
Andere Wege sind wunderbar geebnet und
einfach zu beschreiten.

Ab und zu vermuten wir einen Weg in einer bestimmten Richtung, finden aber den Eingang nicht. Zu viel Gestrüpp versperrt unsere Sicht.
Dann müssen wir suchen und dürfen nicht aufgeben. Hinter so manchem Dickicht eröffnen sich herrliche Wege.

Manche Wege lassen sich zu zweit besser meistern.
Dann hat man jemanden, der einen vor dem Stolpern bewahrt.
Einen Menschen, der einen auf Löcher im Straßenbelag aufmerksam macht.
Eine Begleitung lässt einen manchen Weg bewältigen, der alleine nicht zu schaffen wäre.

Viele Wege müssen wir aber auch
alleine gehen,
so schwer es fallen mag.
Umso stolzer kann man sein, wenn man sie geschafft hat.

Wer glaubt, am Ende des Wegs angekommen
zu sein, irrt sich.
Denn es gibt immer wieder neue Wege, mit
Abzweigungen und Abkürzungen.
Sie eröffnen neue Blickwinkel.

Wichtig ist es, bei allen Wegen, die man im
Leben geht, ein Ziel vor Augen zu haben.
Sonst irren wir verzweifelt umher.
Es fehlt die Perspektive und ohne sie auch
der Antrieb.

Ich muss wissen, wohin ich möchte,
um ankommen zu können.

26 Von Engeln begleitet

„Da habe ich einen Schutzengel gehabt“, erzählt ein Autofahrer, der bei spiegelglatter Fahrbahn mit seinem Wagen ins Schleudern und im angrenzenden Feld zum Stehen kam. „Sein Schutzengel hat aufgepasst“, sagt die Mutter, deren Kind eine schwere Operation überstanden hat.

Engel sind Boten zwischen Himmel und Erde. In Klöstern findet man immer wieder Engeldarstellungen. Diese Wesen begleiten uns auf allen Wegen und halten eine schützende Hand über uns.
Sie glauben das nicht? Dann denken Sie doch einmal an brenzlige Situationen in Ihrem Leben, die Sie wie durch ein Wunder überstanden haben.
Was haben Sie damals gedacht?
Könnte nicht Ihr Schutzengel die Finger im Spiel gehabt haben?

Engel können schweben.
Schließen Sie die Augen und spüren Sie die Leichtigkeit der Engel in sich.
Engel können die Welt von oben betrachten.
Versenken Sie sich in sich selbst und gehen Sie auf Abstand zu Ihrem Alltag.

Engel können den Himmel erden.
Manchmal können sie Unmögliches möglich machen in Situationen, in denen unser menschliches Vorstellungsvermögen an die Grenzen stößt.

Engel tragen Lasten mit.
Lassen Sie sich die Bürde abnehmen, die auf Ihre Schultern drückt.
So fühlen Sie sich erleichtert und können aufrechter weitergehen.

Engel überwinden Distanzen in Sekundenbruchteilen.
Lassen Sie sich gedanklich von Ihrem Engel zu einem geliebten Menschen bringen.

Denken Sie an den Engel, der die Herzen aufschließt, und spüren Sie ganz tief, wie Sie sich über das Wiedersehen freuen.

Engel sind Hoffnungsträger.
Vertrauen Sie sich ihnen in Ihrem
Innersten an.
Die Engel werden Ihre Hoffnungen und
Wünsche in die Welt hinaustragen.

Engel bringen Glanz und Freude.
Lassen Sie sich von diesem Strahlen erfüllen
und von seiner Wärme durchdringen.

Wenn immer Sie glauben, allein gelassen zu sein, stellen Sie sich den Engel an Ihrer Seite vor. Ihr Behüter und Beschützer ist da.
Wenn Sie daran zweifeln, schließen Sie die Augen und erspüren Sie ihn neben sich.

27 Die Himmelsleiter

Der Himmel ist blau und so nah, dass ich ihn mit den Händen greifen möchte.
In Gedanken baue ich mir eine Leiter.
Stabil und groß muss sie sein. Und so konstruiert, dass ich immer wieder Sprossen hinzufügen kann.
Ich ramme sie ganz fest in die Erde, damit ich Bodenhaftung behalten kann.

Nun steige ich die ersten Stufen hinauf und blicke unter mich.
Die Erde ist noch ganz nah. Ich fühle mich sicher.
Weiter geht es nach oben. Ein leichter Lufthauch weht mir um die Nase.
Ich spüre eine gewisse Leichtigkeit.

Es zieht mich hinauf, Stufe für Stufe.
Ganz leicht gerät die Leiter ins Schwanken,
je mehr ich nach oben steige.

Ein Blick nach unten sagt mir jedoch, dass ich
sicher stehe.
Ich verspüre keine Angst, nur ein leichtes
Kribbeln im Bauch.

Die Spannung wächst, je weiter ich nach oben
steige.
Hoffentlich bekomme ich jetzt keine Höhen-
angst.
Wichtig ist, gerade in solchen Momenten die
Bodenhaftung nicht zu verlieren.
Aber ich stehe sicher.

Das Blau des Himmels zieht mich unweiger-
lich an.
Fast scheint es mir, ich könnte diese unend-
liche Farbfläche,
dieses Strahlen in mich aufsaugen.
Reicht meine Leiter, um den Himmel greifen
zu können?

Die Menschen unter mir werden immer kleiner.
Ich sehe jedoch, wie sie mir Mut zusprechen,
mich anfeuern, damit ich weitersteigen kann.

Ich spüre, wie mich diese Motivation beflügelt.
Und wage mich vor in Sphären, die ich nie zu erreichen geglaubt hätte.

Darauf achten muss ich, dass der Höhenrausch mich nicht erfasst.
Denn dann könnte ich Gefahr laufen, alle Sicherheitsmaßnahmen außer Acht zu lassen.
Aber solange meine Himmelsleiter fest verankert ist, fühle ich mich getragen.

Endlich bin ich dem Himmel so nah wie nie.
Ich habe es gewagt, hinaufzusteigen.
Habe alle Ängste und Bedenken beiseitegeschoben.
Ich habe Stufe für Stufe mit Vorsicht und Bedacht genommen,
mein Ziel klar vor Augen.
Ich habe es geschafft, dem Himmel ein Stück näher zu kommen.

28 Geborgenheit

Von guten Mächten wunderbar geborgen,
erwarten wir getrost, was kommen mag.
Gott ist bei uns am Abend und am Morgen,
und ganz gewiss an jedem neuen Tag.
Dietrich Bonhoeffer

Ich träume davon, geborgen zu sein.
In den Armen eines Menschen zu liegen,
mich beschützt zu fühlen,
so dass ich mir unverwundbar vorkomme.

Ich träume davon,
in einer Höhle zu sein,
die mich fernhält von
Lärm, Druck, Anforderungen.
In deren Dunkelheit und Wärme ich mich
zurückziehen kann,
wenn ich einen Platz nur für mich selbst
brauche.

Ich träume davon,
auf einer Wolke zu schweben,
wenn ich Distanz brauche zu meiner Umwelt,
damit das Alltägliche mir nicht den Blick für
das Wesentliche verstellt.

Ich träume davon,
immer beschützt zu sein.
Was auch immer geschieht,
zu wissen, es steht mir jemand zur Seite,
der mich auffängt, wenn ich ins Stolpern
gerate.

Ich träume davon,
in einem Nachen auf der Mitte eines Sees
zu sein.
Mich treiben zu lassen,
um mich selbst nicht zu verlieren.

Balsam für die Seele

29 Freude

So möge jeder über das ihm zugewiesene Maß hinaus in der Freude des Heiligen Geistes Gott etwas darbringen.
Benedikt von Nursia

Freude, mein Herz springt vor Glück über eine wunderbare Nachricht. Ich bin erfüllt von Wärme, von Wohlbefinden.
Wie ein Fluss durchströmt die Freude meinen Körper.

Ich möchte sie mit anderen teilen und benachrichtige die Menschen, die mir am vertrautesten sind.
Meine Freude überträgt sich auf diejenigen, die mir zur Seite stehen. Die mit mir Freud und Leid teilen.
Mein Glücksgefühl wird größer, wenn ich merke, dass die anderen sich mit mir freuen.

Lauthals lachen möchte ich vor Freude.
Mich übermütig vor Freude einen Hang hinunterkugeln wie ein Kind.
Ich jauchze und lache im Wechsel und kann meine Freude kaum fassen.

Ich möchte singen vor Freude.
Ganz für mich alleine lege ich meine Lieblingsmusik auf und stimme lauthals ein.
Sollen die anderen sich doch wundern.
Heute halte ich meine Gefühle nicht zurück.

Die ganze Welt könnte ich umarmen.
Ich breite die Hände aus und umfange damit in Gedanken alle Menschen, die mir lieb und wichtig sind.
Ich wage die ersten Tanzschritte und stelle mir vor, dass alle Freunde um mich versammelt sind und sich mit mir gemeinsam bewegen.
Immer wilder und freudiger.
Die Freude macht mich ausgelassen.

Ich kann es kaum fassen, wie die Freude die dunklen Gedanken vertreibt und alle Mühsal wie weggeblasen ist.
Meine Fröhlichkeit wirkt ansteckend. Den Menschen unterwegs begegne ich mit einem strahlenden Lächeln. Es kommt vielfältig zurück.

So einfach ist es, Freude zu schenken.

30 Fasten

Zum Leben nach dem Evangelium gehört auch das Fasten. Äußeres Fasten wird zum Ausdruck innerer Enthaltsamkeit.
Nach Franziskus von Assisi

Fasten: Verzicht üben
Etwas weniger besitzen, um reicher zu werden.

Fasten: Nahrung reduzieren
Abstand nehmen von üppigen Speisen, um das einzelne „Lebens"-Mittel höher zu schätzen.

Fasten: Konsum einschränken
Einkäufe nicht als Gradmesser der Zufriedenheit betrachten.

Fasten: sich zurückziehen
Nicht immer an vorderster Front sein müssen.

Fasten: den anderen teilhaben lassen
Abgeben von dem, was man hat, damit auch andere Menschen davon profitieren können.

Fasten: sich auf das Wesentliche konzentrieren
Herausfiltern, was wichtig ist.

Fasten: entrümpeln
Sich von Überflüssigem befreien, um Belastungen los zu werden.

Fasten: Stille suchen
Äußere Ruhe schaffen, um innerlich zur Ruhe zu kommen.

Fasten: Ablenkung meiden,
um bei sich selbst anzukommen.

31 Zeit ist Balsam

Zeit ist keine Sache, die ich in den Griff bekommen muss, sondern ein Geschenk.
Anselm Grün

Zeit – manche haben zu viel davon, anderen zerrinnt sie zwischen den Fingern.
Oft sind wir unzufrieden mit dem Zeitbudget, das wir für eine Sache zur Verfügung haben.
Wir lassen uns von der Zeit unter Druck setzen. Oder sind wir es vielleicht selbst, die wir den Druck verursachen?
Veranschlagen wir zu wenig Zeit für eine Sache, kommen wir in Zeitnot. Haben wir zu viel, müssen wir „Zeit totschlagen“.
Dabei ist Zeit etwas sehr Heilsames.

Lauschen Sie dem Zeiger Ihrer Uhr.
Der gleichmäßige Rhythmus leitet Ihren Atem, bis Sie zur Ruhe kommen.

Konzentrieren Sie sich nur darauf und schieben Sie alle anderen Gedanken beiseite.
Diese Zeit gibt Ihnen nur Raum für sich selbst.
Genießen Sie jede Sekunde, denn sie ist sehr wertvoll.
Jedes Ticken der Uhr versinnbildlicht die Zeit, die Sie sich jetzt selbst schenken.

Stellen Sie sich nun ein Stundenglas vor.
Der Sand rinnt geräuschlos.
Kontinuierlich schieben sich die kleinen Körner durch den schlanken Hals.
Konzentrieren Sie sich ausschließlich auf dieses Bild.
Jedes Sandkorn demonstriert Ihnen, wie alles seinen gleichförmigen Gang geht.
Nichts wird beschleunigt oder verlangsamt.
Egal, wie Sie das Glas drehen.
Ein beruhigendes Gefühl.
So wie der Sand langsam die untere Hälfte des Stundenglases füllt,
werden auch Sie mit heilsamer Ruhe erfüllt.
Diese Zeit ist Balsam für Ihre Seele.

32 Loslassen

Kennst du das Verlangen, einen wunderbaren Augenblick, den du genießen darfst, für immer festhalten zu wollen? Eine Sehnsucht nach Beständigkeit haben wir alle. Und doch verlangt das irdische Leben von uns, dass wir alles zur rechten Zeit wieder loslassen.
Klara von Assisi

Loslassen
Menschen, denen man die ersten Schritte beigebracht hat, ihren eigenen Weg gehen lassen.
Sie nicht aus eigenem Bedürfnis festhalten wollen.
Ihnen Chancen geben und Vertrauen in sie setzen.
Sie aus der Obhut entlassen, damit sie vielleicht eines Tages aus eigenem Entschluss wieder zurückkehren können.

Loslassen
Die Natur wachsen und gedeihen lassen.
Ihr einen Schnitt geben, aber nicht alles im
Zaum halten wollen.
Entfalten lassen, ohne große Rodungen
vorzunehmen.
So kann sich Neues entwickeln und zu
Großem wachsen.

Loslassen
Akzeptieren, wenn etwas nicht mehr geht.
Wenn alle Versuche fehlgeschlagen sind, etwas zu kitten, was endgültig zerbrochen ist.
Sich innerlich verabschieden von Dingen, die
der Vergangenheit angehören,
und damit frei zu werden für Neues.

Loslassen
Begreifen, wenn ein langjähriger Begleiter
einen anderen Weg gehen möchte als man
selbst.
Sich nicht krampfhaft an ihn klammern, wenn
er nicht mehr zu halten ist.

Die gemeinsamen Zeiten als etwas Bereicherndes in Erinnerung behalten und nicht im Zorn zurückblicken.

Loslassen
Sich befreien von dem Wunsch, alle Fäden in der Hand zu halten.
Nicht immer und überall präsent sein und mitmischen zu wollen.
Keinen Druck auszuüben auf Vorgänge, die nicht im eigenen Sinne laufen.
Sich verabschieden von der Idee, Entscheidungen zu erzwingen.

Loslassen, Freiheiten geben, damit sich Beziehungen entwickeln können.
Loslassen, Dingen ihre Zeit geben, damit Entscheidungen reifen können.
Immer wieder loslassen.

33 Gelassenheit

Jeder muss seinen eigenen Weg finden, der ihm Ruhe verschafft und ihn mit der inneren Ruhe in Berührung bringt.
Anselm Grün

Gelassenheit – wer wünscht sie sich nicht. Der Alltag macht es einem nicht immer einfach, Gelassenheit zu üben. Anforderungen kommen von allen Seiten. Partner, Familie, Arbeitgeber, Kollegen und viele andere Menschen haben Erwartungen an uns oder stellen Anforderungen, die wir erfüllen möchten. Nicht zuletzt sind wir es auch selbst, die Anforderungen an uns stellen.
Manchmal wünscht man sich, man hätte viele Hände und könnte überall anwesend sein. Da macht sich Hektik breit, und es entsteht ein Druck, der uns bis ins Innerste aufwühlt. Wie sollen wir da gelassen bleiben? Aber: Niemand kann allem und jedem gerecht werden.

Wichtig ist es, in solchen Situationen innezuhalten, sich zurückzuziehen, und sei noch so viel Trubel um einen herum. Ein stiller Platz, an dem man durchatmen kann, ist dann ganz wesentlich.
Zumindest für eine kurze Weile sollte man unerreichbar sein für die Menschen, die einen sonst so sehr brauchen. Dies bedeutet aber auch, alle elektronischen Geräte, die in anderen Situationen hilfreich sind, auszuschalten. Wer Ihnen eine Nachricht hinterlassen möchte, kann dann ja auf die Mailbox Ihres Mobiltelefons sprechen. Die E-Mails laufen in Ihrem Posteingang ein und können später abgerufen und beantwortet werden. Davon geht die Welt nicht unter.

An Ihrem Rückzugsort setzen Sie sich bequem hin, atmen dann tief durch und versuchen, alle Gedanken von sich abzustreifen. Versuchen Sie, sich auf Ihr Inneres zu konzentrieren. Denken Sie jetzt nur daran, dass Ihr Herz nicht mehr aufgeregt pocht, sondern ruhig und

gleichmäßig schlägt. Spüren Sie, wie sich Wärme in Ihrem Inneren ausbreitet. Alle Hektik fällt von Ihnen ab, und Sie werden ganz gelassen.
Wichtig ist es, dass es in dieser Situation um Sie herum ganz ruhig ist. Nun können Sie sich die aktuellen Anforderungen, die Sie komplett zu vereinnahmen drohen, in Ruhe innerlich betrachten.
Eine Aufgabe nach der anderen halten Sie sich vor Augen. In dieser äußeren und inneren Stille beleuchtet, können Sie vermutlich so manches, was Sie belastet hat, sozusagen ad acta legen. Denn diese Dinge sind eigentlich gar nicht wichtig. Wahrscheinlich haben sie Ihnen mehr Bedeutung beigemessen als notwendig. Sie sind schnell erledigt.
Nun kommen die bedeutsameren Dinge an die Reihe. Welche Aufgaben stehen für Sie im Moment an erster Stelle? Welche Probleme müssen Sie lösen, wo müssen Sie wirklich eingreifen und lenken? Setzen Sie Prioritäten – und schon sieht die Welt ein wenig anders aus.

Gelassenheit macht sich breit, wenn Sie sich innerlich sortiert haben. Und innere Zufriedenheit, wenn sich Wege aufgetan haben.

Sie haben alles im Griff und können auch gut damit umgehen, wenn etwas mal nicht so funktioniert, wie Sie es sich vorgestellt haben. Was soll's. Niemand ist perfekt. Und was dieses Mal vielleicht nicht so gut gelaufen ist, klappt beim nächsten Mal besser. Sie lernen mit der Zeit ja dazu.

Gelassenheit kann ich üben, indem ich innehalte und überlege, was für mich selbst wirklich wesentlich ist. Was mich zufrieden und glücklich macht. Je mehr mir dies gelingt, desto gelassener werde ich sein.

Klösterliche Meditation

„Meditation ist kein abgeschlossener Aufsatz, sondern eine Übungsstunde fürs Leben“, sagte mir einmal eine 90-jährige Ordensfrau.

Die Meditation ist im Kloster ein wesentlicher Bestandteil des Tagesablaufs. Sie gehört zum klösterlichen Leben. Die meisten Ordensleute meditieren am frühen Morgen, vor der Vigil, dem ersten gemeinschaftlichen Chorgebet, das in vielen Klöstern zwischen 5.30 und 6 Uhr beginnt. 30 Minuten Zeit soll der Mönch in geistiger Betrachtung und weitere 30 Minuten bei der „Lectio divina“, der geistlichen Bibel-Lesung, verbringen. So wird es in den meisten Klöstern gehandhabt.

Die Meditation am frühen Morgen ist für viele Menschen im Kloster zu einer Form des Tagesbeginns geworden, auf die sie nicht mehr verzichten möchten. In den zeitigen Morgenstunden sind sie noch frei von den Anforderungen des Tages und offen für neue

Gedanken und Impulse. Die Ruhe vor der Hektik des Tages, die auch vor den Klostermauern nicht Halt macht, ermöglicht ihnen, sich ganz auf ihr Inneres zu konzentrieren, auf das, was sie bewegt und was an Aufgaben vor ihnen liegt. Dafür ist der Tagesbeginn eine ideale Zeit. Die Erfahrungen der Meditation tragen die Ordensleute durch den Tag. „Wie ich aufstehe, so lebe ich den Tag“, sagt der Volksmund. Deshalb ist es wichtig, den Morgen mit Bedacht zu gestalten.

„Die Meditation am Morgen ist für mich lebensnotwendig, sie ist mein tägliches Brot, meine Lebensquelle. Eine Kraftquelle, durch die ich zu mir selber finde“, sagt Äbtissin M. Laetitia Fech aus der Abtei Waldsassen. Sie spricht damit für viele Ordensleute, für die die Meditation eine Hilfe darstellt, sich von den täglichen Sorgen ganz zurückzuziehen und neue Kräfte für den Tag zu sammeln.

„Sie hilft mir, die Bodenhaftung nicht zu verlieren und Wegweisungen fürs tägliche Leben zu bekommen. So kann ich mich im Laufe der Zeit immer besser kennenlernen“, beschrieb mir eine jüngere Ordensfrau die Bedeutung der Meditation für ihren Alltag.

Wer so aus dem Meditieren schöpft, spürt sofort, dass ihm etwas Wesentliches fehlt, wenn es tatsächlich einmal einen Tag ohne innere Einkehr geben sollte. Mit der Meditation, so die Erfahrung der Klosterleute, leben sie mehr aus ihrer Mitte heraus. Sie sind besonnener in der Wahl ihrer Worte und in Entscheidungen, sie empfinden mehr Frieden. Ohne Meditation, so bestätigte mir so manches Ordensmitglied, fühlen sie sich nicht wirklich in Balance, und ihre Gedanken sind nicht so gesammelt.

Für den ein oder anderen Ordensmenschen bildet eine Meditation auch den Abschluss des Tages. Man hält in der Stille noch einmal einen Rückblick auf den Tag und kann ihn dann in Ruhe ablegen.

Die „beste“ Meditationszeit für uns Menschen außerhalb der Klöster

Von den Ordensleuten können wir in dieser Hinsicht vieles lernen. Wer im privaten Rahmen meditieren möchte, sollte sich in jedem Fall eine feste Zeit dafür reservieren.

Auch in unserem Alltag bieten sich Tagesbeginn oder -abschluss dafür an. Wer sich aber zu einer anderen Tageszeit besser frei machen kann, sollte diese Phase für sich nutzen. Wichtig ist es, eine feste Zeit für die Meditation zu reservieren, dann läuft man nicht Gefahr, sie immer wieder zu verschieben und am Ende womöglich gar nicht durchzuführen.

Wie lange man sich Zeit nehmen möchte oder kann, hängt von jedem Einzelnen ab. Auch zehn Minuten sind gut, wenn man sie täglich erübrigen kann. Man kann dann in kleinen Schritten beginnen und vielleicht später einmal die Zeit ausdehnen. Das muss jeder für sich selbst entscheiden.

Der Ort der Stille

Genau wie die feste Zeit, so ist auch ein fester Ort für die Durchführung der Meditation nach Meinung vieler Ordensleute ganz wichtig. Erst mit viel Erfahrung kann man sich an beliebigen Stellen in die Meditation begeben. Der feste Ort gibt Sicherheit und bietet eine Art Zuhause für den Meditierenden. Es muss ein Ort der Ruhe sein, denn in äußerer Unruhe wird es kaum möglich sein, den Aufbruch in die Stille zu schaffen.

Es sollte ein Ort sein, an dem man sich wohlfühlt. Wer ein eigenes Zimmer zur Verfügung hat, kann sich dahin zurückziehen, so wie die Ordensleute in ihre eigene Zelle. Ist dies nicht möglich, so kann man sich eine kleine Oase schaffen, einen Winkel, den man nach eigenem Geschmack gestaltet, und an dem man während der Meditation alleine sein kann.

Zur Ruhe zu kommen bedeutet auch, alle äußeren Störfaktoren abzustellen. Telefone sollten also aus- und Anrufbeantworter eingeschaltet sein. Auch durch die Familie oder andere Personen sollte man sich nicht ablenken lassen, sondern mit ihnen darüber sprechen, dass diese Zeit nur dem Meditierenden alleine gehört. Ist dies alles im heimischen Ambiente nicht möglich, so kann man sich zumindest in wärmeren Jahreszeiten in die Natur begeben, auf eine Gartenbank beispielsweise oder an einen Teich.

Selbst still werden

Um der Meditation einen besonderen Rahmen zu geben, sollte man sich Rituale schaffen. Viele Ordensleute zünden sich beispielsweise eine Kerze an und stellen ein ihnen vertrautes Bild vor sich auf. Manch einer legt auch eine leise Musik auf. Um die Zeit einzuhalten, kann man sich eine Uhr oder eine Sanduhr zur Seite legen. Nach längerer Praxis wird man ein Zeitgefühl entwickeln und selbst erspüren, wann die reservierte Meditationszeit zu Ende ist.

Wichtig ist eine bequeme Sitzhaltung, die man während der Meditationsphase ohne Probleme einhalten kann. Ordensleute verwenden vielfach einen Meditationshocker. Aber auch Sitzkissen oder ein Stuhl sind möglich. Manch einer bevorzugt auch eine entspannende Rückenlage.

Es sollte auch sichergestellt sein, dass man in der ruhigen Haltung nicht friert. So manche Nonne hat mir von Decken berichtet, in die sie sich gerade im Winter einwickelt.

Wer möchte, kann die geöffneten Handinnenflächen auf die Oberschenkel legen. „Dies mache ich, damit Gott die leere Schale meiner Sehnsucht füllen kann", sagte mir eine Ordensfrau. Ist eine gute Sitzposition erreicht, konzentriert man sich als Erstes auf seinen Atemrhythmus. Um ruhig zu werden, lauscht man dem Herzschlag und atmet tief ein und doppelt so lange aus, bis der Atem gleichmäßig verläuft.

Indem man ein positiv besetztes Wort – beispielsweise „Sonne“ – ständig in Gedanken wiederholt, kann man sich auf sein Inneres konzentrieren und störende Gedanken ausschalten. „Man soll innen leer werden, um offen zu sein für Neues“, sagt mir Schwester Fidelis, die auf rund 70 Jahre im Kloster zurückblicken kann, „und versuchen, alles um einen herum zu vergessen.“

Sich in die Stille begeben

Inspirationen für Meditationsinhalte bietet das vorliegende Buch. Man kann sich natürlich auch durch eigene Bilder, Worte oder die Natur anregen lassen.

Meditationsanfängern sei empfohlen, sich anleiten zu lassen. Das Spiel mit einem Wort wie „Licht“ beispielsweise kann uns auf ungeahnte Pfade führen, die Betrachtung von Bildern an neue Plätze begleiten, und die Gaben der Natur können an die Bedeutung unseres

Lebens erinnern. So vielfältig wie jeder Einzelne von uns können auch die Meditationsinhalte sein.

Es kann Tage geben, an denen einem die Meditation nicht so gelingt, wie man es sich wünschen würde. Dies geht selbst erfahrenen Ordensleute immer wieder einmal so. Sie geben einem auch mit auf den Weg, in solchen Fällen nicht mit sich zu hadern und sich selbst nicht unter Druck zu setzen. „Nicht das Ergebnis ist wichtig, sondern, dass ich auf dem Weg bleibe“, sagt Äbtissin M. Laetitia, „deshalb sollte man den Erfolg einer Meditation nicht bewerten“. „Manchmal kann es sein, dass ich mich wochenlang mit demselben Satz beschäftige“, erzählt mir Schwester Fidelis.

Wenn die Zeit abgelaufen ist, so der Rat der Ordensleute, sollte man die Meditation beenden, egal, wo man inhaltlich steht. Man kann dort am nächsten Tag anknüpfen. Zum Abschluss verweilt man noch kurz in der Stille, verabschiedet sich innerlich und beendet die Meditation.

Meditation – ein Geschenk für mich persönlich

Wer sich Meditation als Pflichtveranstaltung verordnet, wird wohl kaum in seine innere Mitte vordringen. Meditation ist ein Geschenk, das Sie sich selbst machen. Eine Zeit, die nur für Sie persönlich reserviert ist. Eine Phase, die Ihnen hilft, Dinge besser verstehen zu lernen und so positive Auswirkungen auf Ihr Leben zu erfahren.

Meine Notizen zur Meditation

Meine Notizen zur Meditation

Meine Notizen zur Meditation

Danksagung

Für Impulse und Anregungen zu diesem Buch bedanke ich mich herzlich bei Äbtissin M. Laetitia Fech und Mitschwestern aus der Zisterzienserinnenabtei Waldsassen, Schwester Fidelis Happach aus dem Kloster Bernried sowie Äbtissin M. Gertrud Pech aus der Zisterzienserinnenabtei Oberschönenfeld.

Quellennachweise

Seite 15: Zitiert nach: Teresa von Ávila, Gedanken zum Hohenlied, Gedichte und kleinere Schriften, Verlag Herder GmbH, Freiburg im Breisgau 2004 (S. 355).

Seiten 18; 69; 111: Aus der Regel des heiligen Benedikt Kap. 22,8; Kap. 5,16; Kap. 49,6 (Ausgabe Beuroner Kunstverlag 1990).

Seiten 31; 37: Zit. nach: Hildegard von Bingen, Wisse die Wege. Aus dem Lateinischen übersetzt und ausgewählt von Johannes Bühler © Insel Verlag Frankfurt am Main 2008 (S. 60; 140).

Seite 42: Zitiert nach: Teresa von Ávila, Ich bin ein Weib und obendrein kein gutes. Verlag Herder GmbH, Freiburg im Breisgau 1998 (S. 46).

Seite 45: Aus: Willigis Jäger, Die Welle ist das Meer. Verlag Herder GmbH, Freiburg im Breisgau 2000 (S. 42).

Seite 55: Aus: Wunibald Müller, Lausche dem vollen Klang der Welt © Vier Türme Verlag, Münsterschwarzach 2010 (S. 18).

Seiten 65; 80; 90; 114; 118: Zitiert nach Peter Dyckhoff, Geistlich leben im Sinn alter Klosterregeln © Don Bosco Verlag, München 2005 (S. 127; 310; 27; 233; 281).

Seite 95: Zitiert nach: Johannes vom Kreuz, Worte von Licht und Liebe. Verlag Herder GmbH, Freiburg im Breisgau 1996 (S. 113).

Seite 97: Aus: Odilo Lechner, Wege zum Leben © Heyne Verlag, München 2005 (S. 14)

Seite 107: Aus: Dietrich Bonhoeffer, „Von guten Mächten", zitiert nach: Ders., Widerstand und Ergebung © 1998 Gütersloher Verlagshaus, Gütersloh, in der Random House Verlagsgruppe, München.

Seite 121: Zitiert nach: Anselm Grün / Petra Altmann, klarheit – stille – ordnung. Was wir vom Leben im Kloster lernen können © Verlag Gräfe und Unzer, München 2007 (S. 78).

Wichtige Personen

ABBAS POIMEN, einer der Mönchsväter, lebte im 5. Jahrhundert n.Chr. als Einsiedler in der ägyptischen Wüste und soll 110 Jahre alt geworden sein.

ANTONIUS DER GROSSE (um 251–356) ist der erste der sogenannten Wüstenväter. Um 270 ging er in die Wüste und lebte als Asket auf einem entlegenen Berg. Zahlreiche Pilger suchten ihn auf, da er als Ratgeber sehr gefragt war. Er starb im biblischen Alter von 105 Jahren.

AURELIUS AUGUSTINUS (354–430) lebte und wirkte in Algerien. Von 395 bis zu seinem Tod war er Bischof von Hippo Regius. Augustinus war ein bedeutender christlicher Kirchenlehrer und gilt als einer der einflussreichsten Theologen der Spätantike. Seine zahlreichen Schriften waren mit prägend für die Philosophie des Abendlands.

Basilius (um 330–379), 370 zum Bischof von Cäsarea in Kapadokien berufen, gründete eine asketische Mönchsgemeinschaft. Er war Mönch und gleichzeitig Kirchenmann. Seine monastischen Regeln waren wegweisend für das orthodoxe sowie das lateinische Mönchtum.

Benedikt von Nursia (um 480–547) schloss sich als junger Mann einer Asketengemeinschaft an und lebte in einer Höhle bei Subiaco. Eine Mönchsgemeinschaft, die in seiner Nähe lebte, berief ihn zum ihrem Vorsteher. Benedikt konnte seine Reformideen in dieser Gruppe jedoch nicht durchsetzen und gründete 529 in Monte Cassino mit Gleichgesinnten ein neues Kloster. Hier schrieb er auch seine Regel, die prägend wurde für das gesamte abendländische Mönchtum.

Dietrich Bonhoeffer (1906–1945), evangelischer Theologe und Pfarrer, engagierte sich im Widerstand gegen das Dritte Reich. Er erhielt 1940 Rede- und 1941 Schreibverbot. Er leitete einige Jahre im Untergrund das Ausbildungsseminar der Bekennenden Kirche. Bonhoeffer wurde am 9. April 1945 im KZ Flossenburg hingerichtet.

Franziskus von Assisi (1181/82–1226) wuchs als Kind wohlhabender Tuchhändler auf und wurde auf ein Leben als Kaufmann vorbereitet. In einem Krieg gegen das benachbarte Perugia wurde er eingekerkert und kam nach rund einem Jahr gegen ein Lösegeld seines Vaters frei. In der Folgezeit sagte er seinem ausschweifenden Leben ab, wallfahrtete nach Rom, verzichtete auf sein Erbe und begann ein Leben als Einsiedler. Es schlossen sich ihm mehr und mehr Jünger an. 1209 begründete er den Franziskanerorden.

Anselm Grün OSB (geb. 1945) ist Cellerar, also wirtschaftlicher Leiter, der Benediktinerabtei Münsterschwarzach bei Würzburg. Durch mehr als 200 Buchveröffentlichungen mit Übersetzungen in rund 30 Sprachen sowie seine rege Vortragstätigkeit ist er zu einem der bekanntesten Benediktiner weltweit geworden.

Hildegard von Bingen (1098–1179) trat als Kind in die Benediktinerabtei Disibodenberg an der Nahe ein, wurde später deren Äbtissin und gründete das Kloster Eibingen oberhalb von Rüdesheim am Rhein. Sie beschäftigte sich intensiv mit den Gaben der Natur und ihrer Wirkung auf den Menschen und veröffentlichte dazu auch Schriften.

Ignatius von Loyola (1191–1556) stammte aus einem baskischen Adelsgeschlecht und trat zunächst dem Militär bei. Im Kampf gegen die Franzosen wurde er schwer verletzt und überdachte auf dem Krankenlager seine Lebensweise. Nach der Genesung studierte er Philosophie und Theologie und erhielt die Priesterweihe. 1540 begründete er die „Societas Jesu", den Jesuitenorden.

Willigis Jäger (geb. 1925), Benediktinermönch und Zen-Meister, vereint in seiner Lehre christliche Traditionen des Abendlands mit denen des Zen und weiteren spirituellen asiatischen Einflüssen. Er ist Zen-Lehrer und absolvierte ein zwölfjähriges Zen-Training. Willigis Jäger arbeitet und lehrt heute auf dem Benediktushof in Holzkirchen bei Würzburg.

Johannes vom Kreuz, eigentlich Juan de Yepes Alvarez (1542–1591), war ein spanischer Dichter, Mystiker und Kirchenlehrer. 1563 trat er in den Orden der Karmeliten ein und lernte vier Jahre später Teresa von Avila kennen, die seine geistliche Lehrerin wurde. Nach seiner Priesterweihe 1568 gründete er das Kloster der Unbeschuhten Karmeliten in Duruelo. Rasch fand er zahlreiche Anhänger, aber auch Neider in seinem Stammorden. Er wurde entführt und eingekerkert, konnte nach einigen Monaten jedoch fliehen. Im Auftrag Teresa von Avilas gründete er weitere Klöster.

Klara von Assisi (1193/94–1253) stammte aus einem adligen Elternhaus in der umbrischen Stadt Assisi. Die Predigten ihres Zeitgenossen Franz von Assisi bewegten sie dazu, sich ihm anzuschließen. Sie scharte rasch weitere Frauen um sich und beeindruckte ihre Mitmenschen durch Mut und Tapferkeit. Sie begründete den Orden der Klarissen. 1216–17 legte sie die Ordensregeln schriftlich fest, nach denen sie mit ihren Mitschwestern lebte.

Odilo Lechner OSB (geb. 1931) trat 1952 in die Abtei St. Bonifaz in München ein und war von 1964 bis 2003 Abt der Benediktinerabtei sowie des Klosters Andechs. 15 Jahre war er Präses der Bayerischen Benediktinerkongregation und zehn Jahre Vorsitzender der Salzburger Äbtekonferenz. Er ist heute unter anderem als Publizist und Vortragsredner gefragt.

Wunibald Müller (geb. 1950) studierte Theologie und Psychologie. Seit 1991 ist er der Leiter des zur Benediktinerabtei Münsterschwarzach gehörenden Recollectio-Hauses, einem therapeutisch-spirituellen Zentrum für Priester und Ordensmitglieder.

Teresa von Avila (1515–1582), Mystikerin und Kirchenlehrerin, trat um 1536 in den Orden der Karmelitinnen in Avila ein. Die Heilung von einer langwierigen Krankheit schrieb sie dem inneren Gebet zu. Nach ihrer Genesung erhielt sie auf ihre eindringliche Bitte von Papst Pius IV. die Erlaubnis, in Avila ein eigenes Kloster zu gründen, das der Unbeschuhten Karmelitinnen. Dieser ersten Klostergründung folgten 16 weitere, wobei Teresa festlegte, dass in jedem Konvent nicht mehr als 21 Schwestern leben sollten. 1617 wurde sie zur Schutzpatronin Spaniens ernannt.

Kleine Anleitung zur Meditation

Die Autorin

DR. PETRA ALTMANN studierte Kommunikationswissenschaften, Kunstgeschichte und Soziologie. Sie war viele Jahre in Führungspositionen in Buchverlagen tätig und arbeitet heute als freie Journalistin und Buchautorin. Zahlreiche erfolgreiche Buchveröffentlichungen, darunter zusammen mit Odilo Lechner: „Leben nach Maß – Die Regel des hl. Benedikt für Menschen von heute“ (Verlag Herder, Freiburg im Breisgau). Preisträgerin des „Premio Donne Eccellenti“ 2010. Regelmäßig verbringt sie selbst Tage im Kloster und schöpft aus dem reichen Erfahrungsschatz der Nonnen und Mönche. Dabei hat sie gelernt, dass die oft jahrhundertealten klösterlichen Traditionen auch für Menschen außerhalb der Klostermauern hilfreich sind.

Weitere Informationen unter:
www.dr-petra-altmann.de

Buchveröffentlichungen von Dr. Petra Altmann

Atem holen im Kloster, Augsburg 2006

Heilfasten nach der Klostermethode, München 2008

(mit Anselm Grün) klarheit, ordnung, stille – Was wir vom Leben im Kloster lernen können, München 2007; Audiobook Hamburg 2008

Oasen für jeden Tag, München 2008

Gesunde Ernährung aus dem Kloster, München 2008

Wohlfühltipps aus dem Kloster, München ²2009

Wie Mönche und Nonnen leben, Münsterschwarzach 2009

(mit Odilo Lechner) Leben nach Maß. Die Regel des heiligen Benedikt für Menschen von heute, Freiburg im Breisgau 2009

Backen in der Klostertradition, München 2009

(mit Fidelis Happach) Die Kraft der Klosterkräuter, ²2010

Lebe wertvoll & gut – Ein Wertekompass für alle Tage, München 2010

Vom Wert der Werte, Hünfelden 2010

Leben nach Maß

Petra Altmann | Odilo Lechner
Leben nach Mass
Die Regel des heiligen Benedikt für Menschen von heute
224 Seiten | Gebunden mit Schutzumschlag
Durchgehend farbig gestaltet mit zahlreichen Abbildungen
Chlorfrei gebleichtes Papier | ökologischer Farbdruck
ISBN 978-3-451-32186-3

Seit Jahrhunderten leben Mönche und Nonnen in ihren Klöstern nach der Regel des heiligen Benedikt – ein Text, der in seiner inspirierenden Kraft erstaunlich aktuell geblieben ist. Das Buch erschließt die Weisheit der Mönchsregel für „ganz normale“ Menschen der Gegenwart: Impulse für den Umgang mit sich selbst und den eigenen Fähigkeiten, für das Zusammenleben mit anderen, für die Balance von Arbeits- und Ruhezeiten, für Leitungs- und Managementaufgaben.

www.benedikt-leben-nach-mass.de

HERDER

Atempausen für die Seele

Christa Spilling-Nöker
50 Zutaten zum Glück
Von A wie Apfel bis Z wie Zimt
Herder Spektrum 7109

Andrea Schwarz
Bunter Faden Leben
Herder Spektrum 7110
Erscheint September 2010

Phil Bosmans
Mensch, ich hab dich gern
Herder Spektrum 7095

Anthony de Mello
Zeiten des Glücks
Geschichten für Herz und Seele
Herder Spektrum 7111

Dalai Lama
So einfach ist das Glück
Herder Spektrum 7031

Inspirationen

Anselm Grün
Das kleine Buch vom wahren Glück
Herder Spektrum 7007

Anselm Grün
Das kleine Buch der Engel
Wünsche, die von Herzen kommen
Herder Spektrum 7034

Anselm Grün
Jeder Mensch hat einen Engel
Herder Spektrum 4885

Anselm Grün / Johannes Roth
Du bist einzigartig
Das göttliche Kind in uns
Herder Spektrum 7108

Sylvia Müller / Ulrich Sander (Hg)
Schenk deiner Seele ein Lächeln
Worte, die gut tun
Herder Spektrum 7112

Pierre Stutz

Pierre Stutz
50 Rituale für die Seele
Herder Spektrum 7004

Pierre Stutz
Die Lebendigkeit der Seele entdecken
Herder Spektrum 7070

Pierre Stutz
Atempausen für die Seele
Herder Spektrum 7023

Pierre Stutz
Sei gut mit deiner Seele
Herder Spektrum 7052

Pierre Stutz
Heilende Momente für die Seele
Herder Spektrum 7079

Tania Konnerth

Tania Konnerth
Sonnenschein an jedem Tag
365 gute Gedanken
Herder Spektrum 7028

Tania Konnerth
Sonnenschein ein ganzes Jahr
Herder Spektrum 7117
Erscheint November 2010

Tania Konnerth
Kleine Wunder warten überall
Lebensfreude für den Alltag
Herder Spektrum 7054

Tania Konnerth
Aus der Schatzkiste des Lebens
Geschichten, die ein Lächeln schenken
Herder Spektrum 7068

Tania Konnerth
Ich schenk mir heute Blumen
Die Kunst, sich selbst zu mögen
Herder Spektrum 7083

www.herder.de

Umschlaggestaltung und –konzeption:
R·M·E Eschlbeck / Hanel / Gober

Herstellung: fgb · freiburger graphische betriebe
www.fgb.de

Gedruckt auf umweltfreundlichem,
chlorfrei gebleichtem Papier
Printed in Germany

ISBN 978-3-451-6250-6